TAISCE DUAN

TAISCE DUAN

A Treasury of
Irish Poems
with translations
in English

edited by
Sean Mc Mahon & Jo O'Donoghue

POOLBEG

First published 1992 by
Poolbeg Press Ltd
Knocksedan House
Swords, Co. Dublin, Ireland

© Foreword, selection & additional material,
Sean McMahon and Jo O'Donoghue, 1991
© Poems and translations the individual poets/translators

ISBN 1 85371 118 7

Cover design by Tim O'Neill
Set by Richard Parfrey in ITC Stone 9/14
Printed by The Guernsey Press Company Ltd,
Vale, Guernsey, Channel Islands

Clár/Contents

FOREWORD

Taisce Duan is an anthology of well-loved Irish poems with translations. The selection ranges from the seventeenth century to the early twentieth, from the time when the country trembled on the brink of its nightmare to the time of its recovery. It charts the decline of an old culture and the beginning of a new. Here are the poets who sang to sweeten Ireland's wrongs, like Aogán Ó Rathaile and Eoghan Rua Ó Súilleabháin with their *aislingí* and dreams of the prince from over the sea. So too are the hard men who survived with what heart they could. Brian Merriman and Antaine Ó Reachtabhra showed that there was still joy and relish to be had in spite of political and economic privation. There is also a selection from *filíocht na ndaoine*/the poetry of the people—the verse of a poetic nation insisting in spite of all oppression that its men and women were irrepressible. In this selection the women poets come into their own, in love-song after love-song.

Purists may here interject that translations should be unnecessary and may indeed destroy the effect of the poems as they should be experienced. The short answer is that this is not a book for purists, who presumably have their own resources and can enjoy the poetry of four centuries in Irish without help. Yet even for those who have sufficient Irish to unravel the often gnarled originals, there is a place for the translations we have printed. Some of the translations are old, the work of writers who were poets themselves. Writers like Hyde and

O'Curry were so excited at the quality of the pieces they discovered that they were driven to render them in an English that would preserve something of their special quality and make them available not only to friendly readers in Britain, America and Australasia but also to those at home who were losing or who had already lost their Irish. But most of the translations are modern, many specially commissioned and printed here for the first time. Some of these are deliberately free; others attempt to render into English the structure as well as the temper of the originals. Each read in the company, so to speak, of its Irish version, sets up a kind of link that can give greater insight into the original. The translations made by Frank O'Connor, David Marcus, Brendan Kennelly and Máire Cruise O'Brien are already famous. We believe that the newly-commissioned work shows something of the same quality of empathy. No matter how free the version or how personal the vision the translations actually increase our pleasure and understanding of the original. This two-way traffic is a mutually enriching one. Just as one can read Shakespeare a hundred times and still find new pleasures, so here the interaction between Irish and English versions deepens not only our appreciation of the old poet's work but also that of the translator's. And our knowledge of the nearly lost tongue in painlessly increased.

The book is literally a *taisce*, a treasure-trove. From the hymn to the joys of scholarship in "Aoibhinn beatha an scoláire" by way of "A bhean lán de stuaim," the riches extend to include the glory of "Gile na gile" and the heartbreaking unofficial marriage vows of "Caiseal Mumhan." The piety of "Ag Críost an síol" and "Duan chroí Íosa" is contrasted with the telling invective of "Mairg nach fuil 'na dhubhtuata" and the earthy humour of "Cúirt an mheánoíche." There are poems of love and patriotism—*grá agus tírghrá*—pleasure and pain, hope and despair. In an age of growing homogeneity these are the things that make us different and may yet earn us the title of "indomitable Irishry" promised by one of our Anglo-Irish bards.

Sean McMahon
Jo O'Donoghue
1991

FILÍOCHT LITEARTHA

LITERARY POETRY

NÍ BHFUIGHE MISE BÁS DUIT

Ní bhfuighe mise bás duit
    a bhean úd an chuirp mar ghéis;
daoine leamha ar mharbhais riamh,
    ni hionann iad is mé féin.

Créad umá rachainn-se d'éag
    don bhéal dearg, don déad mar bhláth?
An crobh míolla, an t-ucht mar aol
    an dáibh do-gheabhainn féin bás?

Do mhéin aobhdha, th'aigneadh saor,
    a bhas thana, a thaobh mar chuip,
a rosc gorm, a bhráighe bhán,
    ni bhfuighe mise bás duit.

Do chíocha corra, a chneas úr
    do ghruaidh chorcra, do chúl fiar—
go deimhin ni bhfuighead bás
    dóibh sin go madh háil le Dia.

Do mhala chaol, t'fholt mar ór,
    do rún geanmaidh, do ghlór leasc,
do shál chruinn, do cholpa réidh—
    ní mhuirbhfeadh siad acht duine leamh.

A bhean úd an chuirp mar ghéis
    do hoileadh mé ag duine glic;
aithne dhamh mar bhíd na mná
    ní bhfuighe mise bás duit!

I Shall Not Die for Thee

For thee I shall not die,
Woman high of fame and name;
Foolish men thou mayest slay,
I and they are not the same.

Why should I expire
For the fire of any eye,
Slender waist or swan-like limb,
Is't for them that I should die?

The round breasts, the fresh skin,
Cheeks crimson, hair like silk to touch,
Indeed, indeed, I shall not die,
Please God, not I for any such!

The golden locks, the forehead thin,
The quiet mien, the gracious ease,
The rounded heel, the languid tone,
Fools alone find death from these.

Thy sharp wit, thy perfect calm,
Thy thin palm like foam of the sea;
Thy white neck, thy blue eye,
I shall not die for thee.

Woman, graceful as the swan,
A wise man did rear me too,
Little palm, white neck, bright eye,
I shall not die for you.

(Version Douglas Hyde)

BEATHA AN SCOLÁIRE

Aoibhinn beatha an scoláire
    bhíos ag déanamh a léighinn;
is follas díbh, a dhaoine,
    gurab dó is aoibhne in Éirinn.

Gan smacht ríoga nó rófhlatha
    ná tighearna dá threise,
gan chuid cíosa ag caibidil
    gan moichéirghe, gan meirse.

Moichéirghe ná aodhaireacht
    ní thabhair uadha choidhche,
's ní mó do-bheir dea aire
    fear na faire san oidhche.

Maith biseach a sheisrighe
    ag teacht tosaigh an earraigh;
is é is crannghail dá sheisrigh
    lána ghlaice de pheannaibh.

do-bheir sé ar tháiplis,
    is ar chláirsigh go mbinne,
nó fós greas eile ar shuirghe
    is ar chumann mná finne.

THE LIFE OF THE SCHOLAR

Lovely the life of the scholar
Diligently learning.
You know well, good people,
His is the sweetest lot in Erin.

No king or prince ruling him
Or lord overbearing.
No rent to the chapterhouse
No rising too early.

Early rising or shepherding
Are never asked of him.
He never takes his stint
At the job of nighwatching.

His team is fighting fit
In the early days of spring.
The harrow for his horses
Is a handful of quills.

He spends a spell at chess
Or fondling the harpstrings
More often he's courting
And fondling fairhaired ladies.

(Version Eilís Ní Dhuibhne)

Seathrún Céitinn

c. 1580-1644

Óm sceól ar árdmhagh Fáil

Óm sceól ar ardmhagh Fáil ní chodlaim oíche
is do bhreóidh go bráth mé dála a pobail dilis;
gé rofhada atáid 'na bhfál ré broscar bíobha,
fa dheóidh gur fhás a lán den chogal tríthi.

A Fhódla phráis, is náir nach follas díbhse
gur córa tál ar sháirshliocht mhodhail Mhíle;
deór níor fágadh i gclár do bhrollaigh mhínghil
nár dheólsad ál gach cránach coigcríche.

Gach treód gan tásc tar sál dá dtogair síneadh
go hóirlios álainn ársa Chobhthaigh Chaoil chirt,
is leó gan ghráscar lámh ár ndonna-bhruíne,
's gach fód is fearr dár n-áitibh eochar-aoibhne.

Atáid foirne ag fás san gclársa Logha líofa
dár chóir bheith táir gé hard a rolla scaoile;
síol Eóghain tláith 's an Tálfhuil bodhar claoite
's na hóig ón mBántsrath scáinte i gcoigcríochaibh.

Na tóisigh tháisc ón Nás gan bhogadh bhrí-nirt
i ngleo gér gháifeach ágh na lonnabhuíne—
fá shróin an stáit ba gnáth a gcogadh i ndíormaibh;
ni dóibh ba nár ach cách gan chomhall dlí ar bith.

Da mba beódha ardfhlaith Áine is Droma Daoile
's na leóghain láidre ón Máigh do bhronnadh maoine,
dar ndóigh níorbh áit don táinse in oscaill Bhride
gan gheóin is gártha ós ard dá dtoghaildibirt.

FROM MY GRIEF ON FÁL'S PROUD PLAIN

From my grief on Fál's proud plain I sleep no night,
And till doom the plight of her native folk hath crushed me:
Tho' long they stand a fence against a rabble of foes,
At last there hath grown full much of the wild tare through them.

Oh, faithless Fódla, 'tis shame that thou see'st not clearly
That 'twere meeter to give thy milk to the clustering clan of Mileadh,—
No drop hath been left in the expanse of thy smooth white breast
That the litter of every foreign sow hath not sucked!

Every common crew that hath chosen to come across the sea
To the olden golden comely race of Cobhthach Caol mBreagh,
Theirs without challenge of battle are our stricken palaces,
Every field most fruitful of our pleasant-bordered places.

There are many waxing strong in this plain of Lugh the smooth,
Who ought to be weak, though high their roll extends;
Eoghan's seed hath no honour, the Dalcassian blood dumb-stricken
And the heroes from Strabane scattered in foreign countries.

The famous chiefs of Naas make no manly movement,
Though once those fiery bands were fierce in fight;
In the State's despite they waged their war in squadrons—
Not theirs the shame, but of those who fulfilled not justice.

If the high chief lived of Aine and Druim Daoile
And the strong lions of Maigue who granted gifts,
There surely were no place for this rabble where Bride meets Blackwater,
But shouts and outcries on high announcing their ruin and rout.

Muna bhfóiridh Ceard na n-ardreann pobal chrích Chuirc
ar fhoirneart námhad ndána n-ullamh ndíoltach
ní mór nárbh fhearr gan chairde a bhfoscaindíolaim
's a seóladh slán i bhfán tat tonnaibh Chlíodhna.

Unless the artisan of the high heavens help the folk of Corc's
    territories
Against the violence of bold, ever-ready, vengeful enemies,
'Twere almost better that they were straightway winnowed and
    gleaned,
And sent safe into exile over the waves of Clíodhna!
                                        (Version Pádraig Pearse)

SEATHRÚN CÉITINN
c. 1580-1644

A BHEAN LÁN DE STUAIM

A bhean lán de stuaim
    coingibh uaim do lámh;
ní fear gníomha sinn,
    cé taoi tinn dar ngrádh.

Féach a liath dem fholt,
    féach mo chorp gan lúth,
féach ar thraoch dem fhuil—
    créad re bhfuil do thnúth?

Ná saoil mé go saobh,
    arís ná claon do cheann;
bíodh ar ngrádh gan ghníomh
    go bráth, a shíodh sheang.

Druid do bhéal óm bhéal—
    doiligh an scéal do chor—
ná bíom cneas re cneas:
    tig ón teas an tol.

Do chúl craobhach cas,
    do rosc glas mar dhrúcht,
do chíoch chruinngheal bhláith,
    tharraingeas mian súl.

Gach gníomh acht gníomh cuirp
    is luighe id chuilt shuain
do-ghéan féin tréd ghrádh,
    a bhean lán de stuaim.

WOMAN HOT WITH ZEAL

Woman hot with zeal,
Your hands feeling me
Find my seed is dead
Though in bed we be.

Look! My hair is grey!
See the way my crotch
Shrinks before love's task!
Do not ask too much.

Do not shake your head,
Try, instead, discretion;
Flesh can flesh abide
Though denied possession.

Take your mouth away,
I'll not play with fire
Lest your burning skin
Heat my thin desire.

Your hair's wild surprise,
Your two eyes ablaze,
Your white, budding breast
Twist with lust my gaze.

Anything I'd do
For which you appeal
But that. That I cannot,
Woman hot with zeal.

(Version David Marcus)

SEATHRÚN CÉITINN
c. 1580-1644

MO BHEANNACHT LEAT, A SCRÍBHINN

(An tan do bhí sé san bhFrainc agus é ag scríobhadh go a cháirdibh go hÉirinn)

Mo bheannacht leat, a scríbhinn,
    go hInis aoibhinn Ealga:
truagh nach léir dhamh a beanna,
    gé gnáth a deanna dearga.

Slán dá huaislibh 's dá hoireacht,
    slán go roibheacht dá cléirchibh
slán dá bantrachtaibh caoine,
    slán dá saoithibh re héigse

Mo shlán dá maghaibh míne,
    slán fá mhíle dá cnocaibh,
mo-chean don tí a-tá innti,
    slán dá linntibh 's dá lochaibh.

Slán dá coilltibh fó thorthaibh,
    slán fós dá corthaibh iascaigh,
slán dá móintibh 's dá bántaibh,
    slán dá ráthaibh 's dá riascaibh.

Slán óm chroidhe dá cuantaibh,
    slán fós dá tuarthaibh troma,
soraidh dá tulchaibh aonaigh,
    slán uaim dá craobhaibh croma.

MY BLESSINGS GO WITH YOU, O LETTER

My blessing go with you, O letter,
To the beautiful island of Ealg;
I regret that I cannot see her peaks,
Nor her numerous red hills.

Regards to her nobles and people,
Regards especially to her clergy,
Regards to her gentle women,
Regards to her masters of poetry.

My regards to her level plains,
A thousand regards to her hills,
My love to all who are there,
Regards to her pools and her lakes.

Regards to her fruitful woods,
Regards furthermore to her fishing pools,
Regards to her moors and her pastures,
Regards to her raths and her marshes.

Heartfelt regards to her bays,
Regards furthermore to her fertile fields,
My love to her fair hills,
Regards from me to her bending branches.

Seathrún Céitinn

c. 1580-1644

Gé gnáth a foirne fraochdha—
    an inis naomhtha neambocht—
siar tar dromchla na díleann
    beir, a scríbheann, mo bheannacht.

Though her people are easily angered—
That sacred endowed island—
Westwards across the waves of the ocean
Take with you, O letter, my blessing.

(Version Diarmuid Ó Drisceoil)

PIARAS FEIRITÉAR
c.1600-1653

LEIG DHÍOT TH'AIRM, A MHACAOIMH MNÁ

Leig dhíot th'airm, a mhacaoimh mná
    muna fearr leat cách do lot;
muna léige th'airmse dhíot,
    cuirfead bannaidhe ón rígh ort.

Má chuireann tú th'airm ar gcúl,
    folaigh feasta do chúl cas,
ná léig leis do bhráighe bhán
    nach léig duine de chách as.

Má shaoileann tú féin, a bhean,
    nár mharbhais aon theas ná thuaidh,
do mharbh silleadh do shúl mín
    cách uile gan scín gan tuaigh.

Dar leat féin gé maol do ghlún,
    dar leat fós gé húr do ghlac,
do lot gach aon—tuig a chiall—
    ní fearra dhuit scian nó ga.

folaigh orthu an t-ucht mar aol,
    ná faiceadh siad do thaobh bog,
ar ghrádh Chríost ná faiceadh cách
    do chíoch roigheal mar bhláth dos.

Folaigh orthu do rosc liath,
    má théid ar mharbhais riamh leat;
ar ghrádh th'anma dún do bhéal,
    ná faiceadh siad do dhéad geal.

LOVELY LADY, DROP YOUR ARMS

Lovely lady, drop your arms,
Unless more alarms you plot;
Mind you—if you answer "no",
The Law may show you what's what!

Should you lay your arms aside
Don't forget to hide your hair,
And throw a scarf round your neck—
Men have been wrecked when it's bare.

Lady, don't pretend to claim
That your game made slaves of none;
With one small wink of your eye
Many a riot was begun.

Don't think that for your white thighs
No lips have sighed, no hearts bled;
Read the obituaries—
What disease has claimed more dead?

Cover up your dazzling breast—
That's no request—it's a must—
Quite irresistible is
Your Elizabethan bust.

Don't look at me—your sharp eyes
Can prise the flesh from my bones.
Keep your mouth closed—when you speak
Your teeth are bright new gravestones.

PIARAS FEIRITÉAR
c.1600-1653

Ní beag dhuit ar chuiris d'éag,
   cé shaoile nach cré do chorp;
folaighthear leat th'airm go cóir—
   ná déana níos mó de lot.

You've buried thousands of men;
Enough then—it's time to stop.
Or must I too, like them, fall
Before all your arms you drop.

(Version David Marcus)

AS DO CHUALA SCÉAL DO CHÉAS GACH LÓ MÉ

Do chuala scéal do chéas gach ló mé
is do chuir san oíche i ndaoirse bhróin mé
do lag mo chreat gan neart mná seólta
gan bhrí gan mheabhair gan ghreann gan fhónamh.
Adhbhar maoithe scaoileadh an sceóil sin,
Cás gan leigheas is adhnadh tóirse,
athnuachadh loit is oilc is eólchair',
gríosadh teadhma is treighde móire
díothú buíne chríche Fódla,
lagú grinn is gnaoi na cóige,
mar do díogadh ár ndaoine móra
as a bhfearann cairte is córa.
Mór na scéil, ní héidir d'fhólang.
ár ndíth do ríomh lem ló-sa;
fuair an fhéile léim a dóthain
is tá an daonnacht gach lae dá leónadh.
Ní bhfuil cliar in iathaibh Fódla,
ní bhfuilid aifrinn againn ná orda,
ní bhfuil baiste ar ár leanabaibh óga
's ní bhfuil neach le maith dá mhórdhacht.
Créad do-ghéanaid ár n-aos ónna
gan fear seasaimh ná tagartha a gcóra?—
atáid gan triath ach Dia na glóire
is priosáil dá ngriosáil tar bóchna.
Greadán maidne dearbhadh an sceóil sin,
gabháil gharbh na n-eachtrann oirne;
maith 'fhios agamsa an t-adhbhar fár ordaigh—
d'aithle ár bpeaca an tAthair do dheónaigh.
Dá mbeith Tuathal fuadrach beó againn,

FROM I HEARD THE NEWS WHICH PIERCED ME DAILY

I heard the news which pierced me daily
And through the night sent my sorrow wailing,
Sapped my strength as a woman in childbirth
Without life nor sense nor wit nor mirth.
Cause of weeping all my tale,
This hopeless case, this recurring pain,
This growth of woe and anguish and sorrow,
This spread of torment and of horror;
The extermination of the common people,
The triumph of terror and of evil,
How our nobles all were banished out
From their lands in shameless rout.
The extent of our loss I cannot tell
Nor how the country's gone to hell,
Generosity both raped and ruptured
And humanity each day being punctured.
No priests, no mass for them to say
And Holy Orders in disarray,
Our children forbidden to be baptised,
Our best and brightest all despised.
What can our helpless people do
When for right and justice they cannot sue?
Pressganged and delivered into slavery
With no protection save God's own mercy.
The truth of this would make you retch
The conquerors' jackboot upon our necks.
I know why our misery's flourished,
Because of our sins God has us punished.
If mighty Tuathal was with us still,

nó Féidhlimidh do thréigeadh tóra,
nó Conn, fear na gcath do róchur,
ní bhiadh teann na nGall dár bhfógra…

Or Feidhlimidh whom they couldn't kill,
Or Conn who crushed them all in battle,
Then for the ghoulish foe we would not be chattels.

(Version Alan Titley)

Pádraigín Haicéad
c.1600-1654

Isan bhFrainc

(San bhFrainc iar bhfaicsin aislinge)

Isan bhFrainc im dhúscadh dhamh
in Éirinn Chuinn im chodladh;
    beag ar ngrádh uaidh don fhaire—
    do thál suain ar síorfhaire.

A chuaine chaomhsa

(I Lobhán, 1630)

A chuaine chaomhsa i gcéin i bhfódaibh Fáil,
luaidheam léigheann, léigeam brón ar lár,
buaileam fé gach ceird de nósaibh cháich
is fá thuairim Éireann déanam ólachán.

A aicme ar ar dhoirt mo thoilse a tionnghrá dil
nár aisig dhom nod do chomhall cineáltais,
don bhathlach bheag bhocht gan chothrom compánaigh
is mairg do loisc a shop's a thiompán libh.

IN FRANCE

Here in France wide awake
In Ireland there asleep;
—To hell with all this watchfulness
Suckling a snooze on droopy feet.

(Version Alan Titley)

YOU LEARNED SHOWER

You learned shower beyond on our old sod,
Forget your gloom, come on, let's go and rob
The craft and tricks of every hack and fart
And in Ireland's name let's drink the end of art.

To spend my worth on such a feckless crew
Who paid not back the love that was my due
This useless wretch set up for all to screw
Too bad for him who burst his gut for you.

(Version Alan Titley)

DÁIBHÍ Ó BRUADAIR
c.1625-1698

MAIRG NACH FUIL 'NA DHUBHTHUATA

Mairg nach fuil 'na dhubhthuata,
  gé holc duine 'na thuata,
i ndóigh go mbeinn mágcuarda
  idir na daoinibh duarca.

Mairg nach fuil 'na thrudaire
  eadraibhse, a dhaoine maithe,
ós iad is fearr chugaibhse,
  a dhream gan iúl gan aithne.

Dá bhfaghainn fear mo mhalarta,
  ris do reacfainn an suairceas;
do-bhéarainn luch fallainge
  idir é 'gus an duairceas.

Ós mó cion fear deaghchulaith
  ná a chion de chionn bheith tréitheach,
truagh ar chaitheas le healadhain
  gan é a-niogh ina éadach.

Ós suairc labhartha is bearta gach buairghiúiste
gan uaim gan aiste 'na theangain ná suanúchas,
mo thrua ar chreanas le ceannaraic cruaphrionta
ó bhuaic mo bheatha nár chaitheas le tuatúlacht.

A Pity Not to Be an Utter Boor

A pity not to be an utter boor,
Though it's bad for a person to be a boor,
But better a boor if I needs must
Mix with all these morons.

A pity not to be a stutterer
Among you, good people,
Since stutterers are what you want,
You gang of know-nothings.

If I could get a man to barter
I'd trade him joy;
Make it a cloak
Between himself and sadness.

Since a well-dressed man gets more respect
For his clothes than for his cleverness,
What a pity all I've spent on art
I haven't today in clothes.

As each boor is happy in talk and deed,
Possessing nor rhyme nor well-tongued speech,
A pity all I've wasted on mastering print
Since the peak of my life, when I could have been a boor.

(Version Tomás Ó Canainn)

DÁIBHÍ Ó BRUADAIR
c.1625-1698

AS IS MAIRG NÁR CHREAN RE MAITHEAS SAOGHALTA

(An tan do thuit i loime is i ndíth costais agus fuair a phríomhchairde go faillítheach fána fhóirithin)

Is mairg nár chrean re maitheas saoghalta
do cheangal ar gad sul ndeacha in éagantacht,
's an ainnise im theach ó las an chéadluisne
nach meastar gur fhan an dadamh céille agam...

An tamall im ghlaic do mhair an ghléphingin,
ba geanamhail gart dar leat mo thréithe-se—
do labhrainn Laidean ghasta is Béarla glic
is do tharrainginn dais ba cleas ar chléireachaibh.

Do bheannachadh dhamh an bhean 's a céile cnis,
an bhanaltra mhaith 's a mac ar céadlongadh;
dá ngairminn baile is leath a ngréithe-sean,
ba deacair 'na measc go mbainfeadh éara dhom.

Do ghabhainn isteach 's amach gan éad i dtigh
is níor aistear uim aitreabh teacht aréir 's aniog;
dob aitheasc a searc re chéile againn
'achainghim, ceadaigh blaiseadh ár mbéile-ne'...

D'athraigh 'na ndearcaibh dath mo néimhe anois
ar aiste nach aithnidh ceart im chéimeannaibh;
ó shearg mo lacht re hais na caomhdhroinge,
d'aithle mo cheana is marcach mé dem chois.

FROM Pity the Man Who Didn't Tie Up Some Wordly Goods

Pity the man who didn't tie up
Some worldly goods before wandering off:
My house is so miserable from very first light
They all think I don't have a titter of wit.

While I held the bright penny in my hand
You'd think me graceful—generous too;
With my clever Latin and tricky English
What a dash I'd cut to con the clerics.

The wife would salute me and also her mate,
The good mother too and her son before breakfast:
If I called for a town and half its chattels
They'd find it hard to refuse me then.

I could come and go in a house with no jealousy,
Be there at night and again next day:
Together and singly, in love they'd say to me
"I beseech you, come in, sir, and taste our meal."

According to them I've changed my colours,
In all my moves now they see nothing right;
My milk has dried up as far as they are concerned—
I'm just a foot-slogger, now their respect has gone.

DÁIBHÍ Ó BRUADAIR
c.1625-1698

Is annamh an tansa neach dom éileamhsa
is dá n-agrainn fear ba falamh a éiricsin;
ní fhaiceann mo thaise an chara chéibheann chlis
dar gheallamhain seal 'is leat a bhféadaimse'...

Gé fada re sail mo sheasamh tréithchuisleach
ó mhaidin go feascar seasc gan bhéilfhliuchadh,
dá dtairginn banna sleamhain séalaithe
ar chnagaire leanna, a casc ní bhéarainn sin.

Is tartmhar mo thasc ag treabhadh im aonarsa
le harm nár chleachtas feacht ba mhéithe mhe;
d'atadar mh'ailt de reath na crélainne
is do mhartra' an feac ar fad mo mhéireanna...

A Athair na bhfeart do cheap na céidnithe,
talamh is neamh is reanna is réithleanna,
earrach is teaspach, tartha is téachtuisce,
t'fheargain cas is freagair mh'éagnachsa...

Nobody looks for my help any more
And when they do, they don't pay a damn;
I see no more that dear companion
Who used to promise, "Whatever I can—it is yours."

I could stand on my heel the livelong day,
From dawn to driest dusk with lips unwetted;
If I offered the surest bond, all signed,
For a noggin of beer from the cask, I'd not get it.

It's thirsty work, this ploughing alone,
With tools I'd never use when I was well-fed;
My ankles are swollen from the strain of the ploughshare
And the handle has crippled all my fingers.

Almighty Father, who created the first things,
The earth and heaven, the planets and stars,
Spring and heat, fruit and freezing water,
Turn away your anger: answer my complaint.

(Version Tomás Ó Canainn)

Séamas Dall Mac Cuarta
c.1650-1733

Fáilte don Éan

Fáilte don éan is binne ar chraoibh,
    labhras ar chaoin na dtor le gréin;
domhsa is fada tuirse an tsaoil,
    nach bhfaiceann í le teacht an fhéir.

Gach neach dá bhfeiceann cruth na n-éan,
    amharc Éireann, deas is tuaidh,
bláth na dtulach ar gach taoibh—
    is dóibh is aoibhne bheith á lua

Cluinim, cé nach bhfaicim gné,
    seinm an éin darbh ainm cuach;
amharc uirthi i mbarraí géag,
    mo thuirse ghéar nach mise fuair.

Mo thuirse nach bhfuaireas bua ar m'amharc a dh'fháil
go bhfaicinn ar uaigneas uaisle an duilliúir ag fás;
cuid de mo bhua ní ghluaisim ag cruinniú le cách,
le seinm na gcuach ar bhruach na gcoilleadh go sámh.

WELCOME, SWEETEST BIRD

Welcome, sweetest bird of the branch
Who calls to the sun from the bush's top.
It is the great sorrow of my life
That I see her not at the coming of summer.

Those who can see the elegant birds
And the beauties of Ireland, north and south,
With banks of flowers on every side—
These are the things they love to speak of.

Though I cannot see her face,
I can hear the cuckoo's call;
My sorrow that I cannot see
Her beauty on the highest branch.

Mavrone, that I have lost the gift of sight
To stand alone and see the growing leaves,
Or in the company of friends, go out
To the wood to hear the cuckoo gently call.

(Version Gearóidín McCarter)

Séamas Dall Mac Cuarta
c.1650-1733

An lon dubh báite

A iníon álainn Choinn Uí Néill,
    is fada do chuan tar éis d'áir;
is nach gcluin uaisle do chine féin
    tú ag caoineadh do spré tar éis a bháis.

Ceiliúr an éin lúfair luaith,
    theastaigh uait, a fhaoileann bhán;
cha bhíonn tubaiste ach mar mbíonn spré,
    is déansa foighid ó ghreadadh lámh.

Ó ghreadadh lámh is ó shileadh rosc,
    glacsa tost, a fhaoileann úr;
a iníon álainn Choinn Uí Néill,
    fá bhás an éin ná fliuch do shúil.

A fhaoileann a d'fhás ó ardrí Uladh na rí,
fuirigh mar tá, is fearr é nó imeacht le baois;
fá d'éan beag a b'áille gáire ar imeall na gcraobh,
chan ceist duit a bhás go brách is é nite le haol.

THE DROWNED BLACKBIRD

Sleep, fair daughter of Conn Ó Néill;
Sleep on after your great loss.
Let not the nobles of your house
Hear you lamenting your treasure.

You longed to hear the sprightly bird
Singing to your pale beauty
But sorrow always follows wealth;
So, cease this beating of your hands.

From beating hands and weeping eye
Rest now, tender beauty.
Fair daughter of Conn Ó Néill
Weep not for the death of the bird.

Fair beauty who comes of Ulster's royal line,
Rest as you are: 'tis better than running wild.
Your small bird, loveliest singer of the treetops,
Is not your concern, though he be washed with lime.

(Version Gearóidín McCarter)

Aogán Ó Rathaile
c.1675-1729

Vailintín Brún

Do leathnaigh an ciach diachrach fám sheana-chroí dúr
ar thaisteal na ndiabhal n-iasachta i bhfearann Choinn chughainn
scamall ar ghrian iarthair dár cheartas ríocht Mumhan
fá deara dhom triall riamh ort, a Vailintín Brún.

Caiseal gan cliar, fiailteach ná macraí ar dtúis
is beanna-bhruig Bhriain ciarthuilte, 'mhadraíbh úisc,
Ealla gan triar triaithe de mhacaibh rí Mumhan
fá deara dhom triall riamh ort, a Vailintín Brún.

D'aistrigh fia an fialchruth do chleachtadh sí ar dtúis
ó neadaigh an fiach iasachta i ndaingeanchoill Rúis
seachnaid iaisc griantsruth is caise caoin ciúin,
fá deara dhom triall riamh ort, a Vailintín Brún.

Dairinis thiar, iarla níl aici 'en chlainn úir,
i Hamburg, mo chiach! iarla na seabhach sioch subhach—
seana-rosc liath ag dianghol fá cheachtar díobh súd
fá deara dhom triall riamh ort, a Vailintín Brún.

from Valentine Brown

Because all night my mind inclines to wander and to rave,
Because the English dogs have made Ireland a green grave,
Because all of Munster's glory is daily trampled down,
I have travelled far to meet you, Valentine Brown.

Because the might of Cashel is withered all away,
And the badger skulks in Brian's house, seeking out his prey,
And the laughing kings are all deprived of sceptre and of crown,
I have travelled far to meet you, Valentine Brown.

Because the deer in Ross's wood run no longer free,
And the crows of death are croaking now on top of every tree,
And never a fish is seen to leap where mountain streams come down,
I have travelled far to meet you, Valentine Brown.

Dernish ravaged in the west, her good lord gone as well,
Some foreign city has become our refuge and our hell.
Wounds that hurt a poet's soul can rob him of renown:
I have travelled far to meet you, Valentine Brown.

(Version Brendan Kennelly)

Aogán Ó Rathaile
c.1675-1729

Gile na Gile

Gile na gile do chonnarc ar slí in uaigneas,
criostal an chriostail a goirmroisc rinn-uaine,
binneas an bhinnis a friotal nár chríonghruama ,
deirge is finne do fionnadh 'na gríosghruannaibh.

Caise na caise i ngach ribe dá buí-chuachaibh,
bhaineas an cruinneac den rinneac le rinnscuabadh,
iorra ba ghlaine ná gloine ar a broinn bhuacaigh,
do gineadh ar ghineamhain di-se san tír uachtraigh.

Fios fiosach dom d'inis, is ise go fíor-uaigneach,
fios filleadh don duine don ionad ba rí-dhualgas,
fios milleadh na droinge chuir eisean ar rinnruagairt,
's fios eile ná cuirfead im laoithibh le fíor-uamhan.

Leimhe ne leimhe dom druidim 'na cruinntuairim,
im chime ag an gcime do snaidhmeadh go fíorchrua mé;
ar ghoirm Mhic Mhuire dom fhortacht, do bhíog uaimse,
is d'imigh an bhruinneal 'na luisne go bruín Luachra.

Rithim le rith mire im rithibh go croí-luaimneach,
trí imeallaibh corraigh, trí mhongaibh, trí shlímruaitigh;
don tinne-bhrugh tigim—ní thuigim cén tslí fuaras—
go hionad na n-ionad do cumadh le draíocht dhruaga.

BRIGHTNESS OF BRIGHTNESS

Brightness of brightness lonely met me where I wandered,
Crystal of crystal only by her eyes were splendid,
Sweetness of sweetness lightly in her speech she squandered,
Rose-red and lily-glow brightly in her cheeks contended.

Ringlet on ringlet flowed tress on tress of yellow flaming
Hair, and swept the dew that glowed on the grass in showers
    behind her,
Vesture her breasts bore, mirror-bright, oh, mirror-shaming
That her fairy northern land yielded her from birth to bind them.

There she told me, told me as one that might in loving languish,
Told me of his coming, he for whom the crown was wreathed,
Told me of their ruin who banished him to utter anguish,
More too she told me I dare not in my song have breathed.

Frenzy of frenzy 'twas that her beauty did not numb me,
That I neared the royal serf, the vassal queen that held me vassal,
Then I called on Mary's Son to shield me, she started from me,
And she fled, the lady, a lightning flash to Luachra Castle.

Fleetly too I fled in wild flight with body trembling
Over reefs of rock and sand, bog and shining plain and strand, sure
That my feet would find a path to that place of sad assembling,
Houses of houses reared of old in cold dark druid grandeur.

Aogán Ó Rathaile
c.1675-1729

Brisid fá scige go scigeamhail buíon ghruagach
is foireann de bhruinnealaibh sioscaithe dlaoi-chuachach;
i ngeimhealaibh geimheal me cuiread gan puinn suaimhnis,
's mo bhruinneal ar broinnibh ag broinnire broinnstuacach.

D'iniseas di-se, san bhfriotal dob fhíor uaimse,
nár chuibhe di snaidhmeadh le slibire slímbhuartha
's an duine ba ghile ar shliocht chine Scoit trí huaire
ag feitheamh ar ise bheith aige mar chaoin-nuachar.

Ar chloistin mo ghutha di goileann go fíor-uaibhreach
is sileadh ag an bhfliche go life as a gríosghruannaibh;
cuireann liom giolla dom choimirc ón mbruín uaithi—
's í gile na gile do chonnarc ar slí in uaigneas.

There a throng of wild creatures mocked me with elfin laughter,
And a group of mild maidens, tall with twining silken tresses,
Bound in bitter bonds they laid me there, and a moment after
See my lady laughing, share a pot-bellied clown's caresses.

Truth of truth I told her in grief that it shamed her
To see her with a sleek foreign mercenary lover
When the highest peak of Scotland's race already thrice had
     named her,
And waited in longing for his exile to be over.

When she heard me speak, she wept, but she wept for pride,
And tears flowed down in streams from cheeks so bright and
     comely,
She sent a watchman with me to lead me to the mountainside—
Brightness of brightness who met me walking lonely.

(Version Frank O'Connor)

Aogán Ó Rathaile
c.1675-1729

Do shiúlaigh mise an Mhumhain mhín

Do shiúlaigh mise an Mhumhain mhín
's ó chúinne an Doire go Dún na Rí;
mo chumha níor briseadh cé'r shúgach sinn
        go feicsint brugh Thaidhg an Dúna.

Do mheasas im aigne 's fós im chroí
an marbh ba mharbh gur beo do bhí,
ag carabhas macra, feoil is fíon,
        punch dá chaitheamh is branda.

Feoil de bhearaibh is éanlaith ón dtoinn,
ceolta 's cantain is craos na dí,
rósta blasta 's céir gan teimheal,
        conairt is gadhair is amhastrach.

Drong ag imeacht is drong ag tíocht
is drong ag reacaireacht dúinn go binn,
drong ar spallmaibh úra ag guí
        's ag leaghadh na bhFlaitheas go ceansa.

Nó go bhfuaireas sanas ó aon den chúirt'
gurb é Warner ceannsach séimh glan subhach
do bhá sa mbaile gheal aosta chlúil,
        flaith nárbh fhann roimh dheoraí.

'S é Dia do chruthaigh an saoghal slán
's tug fial in ionad an fhéil fuair bás,
ag riar ar mhuirear, ar chléir, ar dháimh,
        curadh nach falsa mórchroí.

I Traversed Munster's Pleasant Lea

I traversed Munster's pleasant lea
And from Derry corner to Dún na Rí,
Though merry, I pined till I did see
The mansion of Tadhg an Dúna.

I thought in my heart and in my mind
That the dead who were dead were, instead, alive,
Youth carousing, meat and wine,
Punch consumed and brandy;

Meat from spits and fowl from the sea,
Music and singing, a drinking spree,
Tasty roasts and pure honey,
Hounds and dogs and baying.

People departing and people remaining,
And people sweetly entertaining,
Other people on cold flags praying,
Gently melting heaven.

Till one in the court to me did confide
That lordly Warner, cheerful and mild,
Did now in that famous old house reside,
A prince not mean to the stranger.

It is God, Who created the world entire,
Gave a generous soul for the soul who died,
To serve the household, poets and scribes,
A truly great-hearted hero.

(Version Liam Mac Con Iomaire)

MAC AN CHEANNAÍ

Aisling ghéar do dhearcas féin
    ar leaba 's mé go lagbhríoch,
an ainnir shéimh darbh ainm Éire
    ag teacht im ghaor ar marcaíocht,
a súile glas, a cúl tiubh casta,
    a com ba gheal's a mailí,
dá mhaíomh go raibh ag tíocht 'na gar
    a díogras, Mac an Cheannaí.

A beol ba bhinn, a glór ba chaoin,
    is ró-shearc linn an cailín,
céile Bhriain dár ghéill an Fhiann,
    mo léirchreach dhian a haicíd:
fá shúistibh Gall dá brú go teann,
    mo chúileann tseang 's mo bhean ghaoil;
beidh sí 'na spreas, an rí-bhean deas,
    go bhfillfidh Mac an Cheannaí.

Na céadta tá i bpéin dá grá
    le géarshearc shámh dá cneas mhín,
clanna ríthe, maca Míle,
    dragain fhíochta is gaiscígh;
gnúis ná gnaoi ní mhúsclann sí
    cé dubhach fá scíos an cailín—
níl faoiseamh seal le tíocht 'na gar
    go bhfillfidh Mac an Cheannaí.

THE MERCHANT'S SON

A vision clear appeared to me
In bed as I lay prostrate,
A gentle maid whose name was Éire
Approaching me on horseback;
Her eyes so bright, her hair entwined,
Her waist so fair, and forehead,
Proclaiming he was coming near,
Her dearest, Mac an Cheannaí.

Her mouth so sweet, her voice so meek,
I dearly love the maiden,
Wife of Brian who ruled the Fianna,
Her troubles deeply pain me;
Crushed and chafed 'neath foreign flails,
My slender, fair kinswoman;
The pleasant queen will barren be,
Awaiting Mac an Cheannaí.

Hundreds pine for love of her,
Her smooth skin rouses passion;
Princes regal, sons of Míle,
Dragons fierce and warriors;
Her passive face is in a state
Of weary melancholy,
And nowhere near is there relief
Without him, Mac an Cheannaí.

AOGÁN Ó RATHAILE
c.1675-1729

A ráite féin, is cráite an scéal,
    mo lánchreach chlé do lag sinn,
go bhfuil sí gan cheol ag caoi na ndeor,
    's a buíon gan treoir gan maithghníomh,
gan fiach gan feoil, i bpian go mór,
    'na hiarsma fó gach madaí,
cnáite lag ag caoi na ndearc
go bhfillfidh Mac an Cheannaí.

Adúirt arís an bhúidhbhean mhíonla
    ó turnadh ríthe 'chleacht sí,
Conn is Art ba lonnmhar reacht,
    ba foghlach glac i ngleacaíocht,
Críomhthainn tréan tar toinn tug géill,
    is Luighdheach Mac Céin an fear groí,
go mbeadh sí 'na spreas gan luí le fear
    go bhfillfeadh Mac an Cheannaí.

Do-bheir súil ó dheas gach lá fá seach
    ar thráigh na mbarc an cailín,
Is súil deas-soir go dlúth tar muir,
    mo chumha anois a haicíd,
a súile siar ag súil le Dia,
    tar tonntaibh fiara gainmhe;
cloíte lag beidh sí gan phreab
go bhfillfidh Mac an Cheannaí.

What spoke the maid, a woeful tale,
Has left me frail and saddened;
No melody but falling tears,
Her aimless troops are passive;
No meat, no game, but deep in pain,
She is every knave's dogsbody;
Wasted, weak and shedding tears,
Awaiting Mac an Cheannaí.

The gentle maiden spoke again,
Her former kings being vanquished—
Conn and Art of violent reigns,
Their hands were strong in battle;
Criomhthain brave brought hostages,
And Lughaidh Mac Céin, the valiant—
Unmated, she will barren be,
Awaiting Mac an Cheannaí.

The maiden gazes southward daily
To the strand for tall ships landing;
Her eye southeast, hard o'er the sea,
Her troubles grieve me sadly;
With westward gaze, to God she prays,
Where sand-filled waves are slanting;
Vanquished, weak, she'll barren be,
Awaiting Mac an Cheannaí.

Aogán Ó Rathaile
c.1675-1729

A bráithre breaca táid tar lear
    na táinte shearc an cailín;
níl fleadh le fáil, níl gean ná grá
    ag neach dá cairdibh, admhaím;
a gruanna fliuch, gan suan gan sult,
    fá ghruaim is dubh a n-aibíd,
's go mbeidh sí 'na spreas gan luí le fear
go bhfillfidh Mac an Cheannaí.

Adúrtsa léi ar chlos na scéal,
    i rún gur éag do chleacht sí,
thuas sa Spáinn go bhfuair an bás—
    's nár thrua le cách a ceasnaí;
ar chlos mo ghotha i bhfogas di
    chorraigh a cruth 's do scread sí
is d'éalaigh an t-anam d'aonphreib aisti—
mo léansa an bhean go neamhbhríoch.

Her speckled monks are overseas,
The hosts that she loved dearly;
No love, no treat, no welcoming feast,
Awaits her friends, quite clearly;
Her tear-stained cheeks, no joy nor sleep,
In gloom's dark garb for sorrow,
Unmated, she will barren be,
Awaiting Mac an Cheannaí.

I whispered, when I heard her tale,
That he was dead, her loved one;
Beyond in Spain that he was lain,
And no one shared her sorrow.
When she heard my words her form convulsed,
She shrieked and screamed in anguish,
And her soul departed in one leap,
Alas, the woman vanquished.

(Version Liam Mac Con Iomaire)

Cathal Buí Mac Giolla Ghunna
c.1680-1755

An bonnán buí

A bhonnáin bhuí, is é mo chrá do luí
    is do chnámha sínte tar éis a gcreim,
is chan díobháil bídh ach easpa dí
    d'fhág tú 'do luí ar chúl do chinn;
is measa liom féin nó scrios na Traí
    thú bheith sínte ar leacaibh lom,
is nach ndearna tú díth ná dolaidh is tír
    is nárbh fhearr leat fíon ná uisce poill.

Is a bhonnáin álainn, mo mhíle crá
    do chúl ar lár amuigh insa tslí,
is gur moch gach lá a chluininn do ghráig
    ar an láib agus tú ag ól na dí;
is é an ní adeir cách le do dheartháir Cathal
    go bhfaighidh mé bás mar súd, más fíor;
ní hamhlaidh atá—súd an préachán breá
    chuaidh a dh'éag ar ball, gan aon bhraon dí.

A bhonnáin óig, is é mo mhíle brón
    thú bheith romham i measc na dtom,
is na lucha móra ag triall chun do thórraimh
    ag déanamh spóirt is pléisiúir ann;
dá gcuirfeá scéala in am fá mo dhéinse
    go raibh tú i ngéibheann nó i mbroid fá dheoch,
do bhrisfinn béim ar an loch sin Vesey
    a fhliucfadh do bhéal is do chorp isteach.

The Yellow Bittern

O bittern bright, my woe's your plight
And your body broken after your skite;
Nor was it a blight, but the deadly drought
That stretched you out and sapped your might.
Far worse to me than Troy's treachery
You to see on the cold, cold ice
Who were kind in word and always preferred
Water to wine at any price.

O bittern sweet, my sorrow's great
To see your state—dead at my feet;
For many days I could hear your praise
As you lazily drank the waters sweet.
Ah, 'tis said by all to your brother Caul
That he'll lose his life if he doesn't stop;
But that's absurd—here's this poor bird
Who expired at length for want of a drop.

O bittern young, 'tis my heavy curse
With you stretched cold upon the ground,
And the mice, grown bold, trailing your hearse
In drunken song their pleasure crowned.
If you had sent word—or if I heard
That you needed my aid in your fearful plight
A hole I'd have made in Beasey's lake
Where your thirst you could slake to your heart's delight.

Cathal Buí Mac Giolla Ghunna

c.1680-1755

Dúirt mo stór liom ligean den ól
    nó nach mbeinnse beo ach seal beag gearr,
ach dúirt mé léi do dtug sí bréag
    is gurbh fhaide mo shaolsa an deoch úd a fháil;
nach bhfaca sibh éan an phíobáin réidh
    a chuaidh a dh'éag den tart ar ball?–
a chomharsain chléibh, fliuchaidh bhur mbéal,
    óir chan fhaigheann sibh braon i ndiaidh bhur mbáis.

Ní hé bhur n-éanlaith atá mise ag éagnach,
    an lon, an smaolach, ná an chorr ghlas;
ach mo bhonnán buí a bhí lán den chroí,
    is gur cosúil liom féin é ina ghné is a dhath;
bhíodh sé choíche ag síoról na dí,
    agus deir na daoine go mbím mar sin seal,
is níl deor dá bhfaighead nach ligfead síos
ar eagla go bhfaighinnse bás den tart.

'Tis not the ousel, heron or thrush
Or other birds have caused my dolour,
But the bittern bright whose joy was light,
He was like meself in habit and colour;
Where waters flow he would always go,
And *I* haven't stopped since I had my first;
Sure I never disdain a drop or a drain
For fear of the day I might die of thirst.

I'm nagged by my wife to go off the beer
Or I might not be here a great deal longer;
But I've nailed that lie, for my firm reply
Is that drink makes my soul and body stronger.
This bittern, note, with his tiny throat
Even he to thirst a victim fell—
And so my men, fill her up again,
For divil's the drop you'll get in Hell.

(Version David Marcus)

SEÁN CLÁRACH MAC DÓNAILL
1691-1754

BÍMSE BUAN AR BUAIRT GACH LÓ

Bímse buan ar buairt gach ló
ag caoi go crua's ag tuar na ndeor,
mar scaoileadh uainn an buachaill beo
's ná ríomhtar tuairisc uaidh, mo bhrón!

Curfá
Is é mo laoch, mo ghille mear,
is é mo Shaesar, gille mear;
ní bhfuaireas féin aon suan ar séan
ó chuaigh i gcéin mo ghille mear.

Ní haoibhinn cuach ba suairc ar neoin
táid fíorchoin uaisle ar uatha spóirt,
táid saoithe 's suadha i mbuairt 's i mbrón
ó scaoileadh uainn an buachaill beo.

Níor éirigh Phoebus féin ar cóir,
ar chaomhchneas ré tá daolbhrat bróin,
tá saobha ar spéir is spéirling mhór
chun sléibhe i gcéin mar d'éala' an leon.

Níl séis go suairc ar chruachruit cheoil,
tá an éigse i ngruaim gan uaim 'na mbeol,
táid béithe buan ar buairt gach ló
ó théarnaigh uainn an buachaill beo.

My Heart is Sore with Sorrow Deep

My heart is sore with sorrow deep,
Lamenting hard, so long I weep,
Because he's gone who is so sweet
And news of him we do not hear.

Chorus
He is my hero, fair and fleet;
He is my Caesar, fair and fleet;
I get no rest, I cannot sleep
Since he crossed the ocean, fair and fleet.

The cuckoo speaks at noon no more.
The noble hounds, they know no sport,
And learned men are left in woe
Since the fair one left these shores.

Phoebus hasn't risen right,
His fair face a black pall hides,
Storming winds have rent the sky
Since he fled to the far hills high.

The tuneful harps no longer play,
The poets don't make their rhyming staves;
Fair maids sorrow throughout the day
Since our bright one went away.

Marcach uasal uaibhreach óg,
gas gan ghruaim is suairce snó,
glac is luaimneach luath i ngleo
ag teagasc an tsluaigh 's ag tuargain treon.

Is glas a shúil mhear mhuirneach mhóil
mar leagadh an drúchta ar chiumhais an róis;
tá Mars is Cúpid dlúth i gcomhar
i bpearsan úir i ngnúis mo stóir.

Is cas a chúl 's is cúrsach cóir,
is dlaitheach dlúth 's is búclach borr,
is feacach fionn ar lonradh an óir
ó bhaitheas úr go com mo stóir.

Is cosmhail é le hAonghus Óg,
le Lughaidh mac Céin na mbéimeann mór,
le Cú Raoi, ardmhac Dáire an óir,
taoiseach Éarann tréan ar tóir.

le Conall Cearnach bhearnadh póirt,
le Fearghus fiúntach fionn mac Róigh,
le Conchubhar, cáidhmhac Náis na nós,
taoiseach aoibhinn Chraoibhe an cheoil.

Ní mhaífead féin cé hé mo stór—
tá insint scéil 'na dhéidh go leor—
ach guím Aonmhic Dé na gcomhacht
do dtí mo laoch gan bhaoghal beo.

A young noble proud horseman he,
Scion without sadness, of countenance sweet.
His arm is quick in the battle's heat,
Hacking in the crush and battering the fierce.

His loving quick mild eye is green
Like the dew on the edge of a rose's leaf;
Mars and Cupid both are seen
In the face and person of my loved-one sweet.

His winding hair is flowing and free,
His heavy locks are curled and neat,
Are fair and wavy with a golden sheen
From the top of the head to the waist of my sweet.

He is like Aonghus Óg,
Like Lughaidh, son of Cian of the terrible blows,
Like Cú Raoi, son of Dáire of the gold,
Leader of the Éarann, in the chase well known.

Like Conall victorious, sacker of forts,
Like fair and worthy Fearghus, son of Rogh,
Like Conchubhar, noble son of Nás renowned,
The pleasant leader of the musical host.

Who my treasure is, I will not say—
There are many others to tell his name—
To God's only Son, most high, I pray
My love protect and keep him safe.

Seán Clárach Mac Dónaill
1691-1754

Ach seinntear stáir ar chláirsigh cheoil
is líontar táinte cárt ar bord
le hintinn ard gan cháim gan cheo
chun saoil is sláinte d'fháil dom leon.

Curfá
Is é mo laoch, mo ghille mear,
is é mo Shaesar, gille mear;
mo chruatan féin a lua tré léan
mar chuaigh i gcéin mo ghille mear.

So let the harpers strike up and play
And fill the glasses to brimming with ale;
With spirits raised and undismayed,
Here's health and long life to my lion brave.

Chorus
He is my hero, fair and fleet;
He is my Caesar, fair and fleet.
In desolation now I grieve
'Cause he crossed the ocean, fair and fleet.

(Version Colm Breathnach)

Seán Clárach Mac Dónaill
1691-1754

Taiscidh, a chlocha

(Ar bhás Shéamais Dawson)

Taiscidh, a chlocha, fá choigilt i gcoimeád criadh
an feallaire fola 's an stollaire, Dawson liath;
a ghaisce níor cloiseadh i gcogadh ná i gcath lá glia,
ach ag creachadh 's ag crochadh 's ag coscairt na mbochtán riamh.

Dob fhairsing a chostas i solasbhrugh cheannard Bhriain,
ba dhaingean a dhoras 's an doicheall istigh fán 'iadh
in Eatharlaigh osaidh in oscaill idir dhá shliabh,
gur cheangail an ghorta den phobal dá gcur fá riail.

A gheata níor oscail le hosna na ndonán ndian,
níor fhreagair a ngolfairt 's dá gcolainn níor fhriotháil bia;
dá dtarraingid brosna, scolb nó scothán fiar
do bhainfeadh na srothanna fola as a slinneáin thiar.

Mo shailmse ar sodar gan dochar gan díomá id dhiaidh
ar leacaibh 'od loscadh i gCocytus ag síorfháil pian;
gach madra fola ó Chorcaigh go Baile Áth' Cliath,
go leanaid go hobann do lorg 's a gcoirp fá chriaidh.

Seo an t-áras i bhfuil Dawson fá leacaibh sínte,
chuir táinte le fán is do chreach na mílte,
d'fhág mná bochta 's garlaigh ag taisteal tíortha—
guím sáite go brách thú 'od loscadh i dtinte.

LOCK UP, O ROCKS

Lock up, O rocks, the deposit in closet of clay
of this treacherous butcher and vulture called Dawson grey;
He never showed valour in battle or courage in fray,
but he plundered, he hanged and he slaughtered the poor and the frail.

His spending was lavish in the ravishing palace of Brian,
but his door was shut solid, the malice within it confined;
In tranquil Aherlow, in a hollow between two hills,
the famine he fastened on families, to rule at will.

His gate never opened to the moans of the weeping poor,
their cries went unheeded, their bodies received no food;
If brushwood they gathered, if scollops or brooms they made,
his floggings brought torrents of blood from their shoulder-blades.

My curse, may it canter hot on your heels, I pray,
to the flagstones of Hell where you burn in perpetual pain,
and all the bloodhounds from Dublin to Cork, may they
pursue your spoor and your breed beneath the clay.

This is the dwelling where Dawson is stretched under stone;
He evicted in hundreds and plundered thousands more;
He banished poor women and children all over the land,
and may he forever in burning fires be rammed.

Reachta an tsaoil do réab go fíorghnáthach,
madra craosach taodach mínáireach;
Eaglais Dé gan traochadh dá síorcháible;
is Flaithis na naomh ar Shéamas 'na dheargfhásach.

Ba mhór do rachmas seal sa tsaolsa beo,
ba chruaidh do bhreath ar lagaibh bhíodh gan treoir;
is buan an t-acht do ceapadh thíos fád chomhair—
fuacht is tart is teas is tinte 'od dhó.

Mo-nuar! mo chreach! nár tachtadh mílte 'ed shórt
is Seán, do mhac, ad spreas, id choimhdeacht leo;
i ndíol gach stair is cleas dár thionscnais fós,
biaidh cuanairt chlamh le hairc 'od straoileadh leo.

Cuibhreach daingean ar reathacha an ana-chúinse
le righinghad garbh ó Eatharla', a thalamh dúchais;
saigheadtar eatarthu an t-aismearlach i measc na
      ndeamhnaibh—
an decree sin feasta acu ar t'anam, a mhadra allta.

Brúigh, a leac, a dhraid, 's a dhrandal crón,
a shúile, a phlait, a theanga, a tholl dubh mór
gach lúith, gach alt, go prap den chamshliteoir,
mar shúil ná casfaidh tar ais ná a shamhailt go deo.

Cé go rabhais-se mustarach iomarcach santach riamh,
biaidh do chiste 'ge cimire gann id dhiaidh,
do cholann ag cruimhe dá piocadh go hamplach dian
is t'anam ag fiuchadh sa gcoire gan contas blian.

The laws of the people he ceaselessly violated,
A ravenous, quarrelsome mongrel, scurrilous, shameless;
He tormented the Church of God and did not tire,
And in Heaven of Saints may James be kept outside.

Great was your wealth when you were once alive,
But cruel was your rule for the weak who had no guide;
An eternal law was passed for you below:
Cold and thirst and heat in fires aglow!

Alas, your breed were not in thousands choked,
Yourself and John, your son, the useless yoke;
For every craven deed you ever contrived,
May a hungry mangy dog-pack eat you alive.

May the monster's joints be manacled fast and bound
In unyielding withes from Aherlow, his native ground;
In the midst of demons may he be pierced and gored,
That curse, you cur, forever on your soul.

Crush, O flag, his snarl and yellow gums,
His eyes, his scalp, his great black hole, his tongue;
Each joint and sinew (with vigour) of the slimy knave,
In hope he'll never return or his like again.

You were arrogant ever, excessive in venom and greed,
But your fortune will fall, when you're gone, to a miserly breed;
Gluttonous maggots will gobble your carcass clean,
And your soul in the cauldron, boiling for countless years.

(Version Liam Mac Con Iomaire)

ÚR-CHNOC CHÉIN MHIC CÁINTE

A Phlúr na maighdean is úire gné
    thug clú le scéimh ón Adhamhchlainn,
a chúl na bpéarla, a rún na héigse,
    dhubhas féile is fáilte;
a ghnúis mar ghréin i dtús gach lae ghil
    mhúchas léan le gáire,
is é mo chumha gan mé is tú a shiúr, linn féin
    san dún sin Chéin Mhic Cáinte.

Táim brúite i bpéin gan suan, gan néal,
    ded chumha, a ghéag is áille;
is gur tú mo roghain i gcúigibh Éireann—
    cúis nach séanaim ás de;
dá shiúlfá, a réalt, gan smúid liom féin
ba súgach saor mo shláinte,
gheobhair plúr is méad is cnuasach craobh
    san dún sin Chéin Mhic Cáinte.

Cluinfir uaill na ngadhar ar luas i ndéidh
    Bhriain luaimnigh bhearnaigh mhásaigh,
is fuaim guth béilbhinn cuach is smaolach
    suairc ar ghéaga in áltaibh;
i bhfuarlinn tséimh chífir sluabhuíon éisc
    ag ruagadh a chéile ar snámh ann,
is an cuan gur léir dhuit uait i gcéin
    ón úr-Chnoc Chéin Mhic Cáinte.

THE HILL OF CIAN MAC CÁINTE

Thou choicest maid of freshest face
Thought wondrous fair of people,
Thou pearlèd chignon, poesy's loved one,
Doubling bounteous welcome;
Thou sunlike visage awakening day,
Dispelling grief with laughter,
My grief it is not to be with you
In that fort of Cian Mac Cáinte.

Oppressed with pain, no sleep nor rest,
Repining for you, my beauty;
And you my choice in all of Ireland
I'll not deny at all then.
Wouldst walk with me, thou stainless star
In perfect health we'd both be,
With flour and mead and fruits a-plenty
In that fort of Cian Mac Cáinte.

The yelp of hounds we'd hear a-chasing
The fleet-foot gap-lipped hare then—
And the thrush and cuckoo sweetly singing
On every branch and thicket.
And there in ice-cold pools we'd see
The swarms of fish a-leaping
And away beneath us the bay in prospect
From the hill of Cian Mac Cáinte.

Peadar Ó Doirnín
?1704-1769

A rún mo chléibh, is mar súd a b'fhearr dhuit—
    tús do shaoil a chaitheamh liom,
is ní i gclúid faoi léan ag túirscín bréan
    'gcionn túirne is péire cardaí;
gheobhair ciúl na dtéad le lúth na méar
    dod dhúscadh is dréachta grá fós,
níl dún faoin ngréin chomh súgach aerach
    le húr-Chnoc Chéin Mhic Cáinte.

A shuaircbhean tséimh na gcuachfholt péarlach
    gluais liom féin ar ball beag,
tráth is buailte cléir is tuata i néaltaibh
    suain faoi éadaí bána;
ó thuaidh go mbéam i bhfad uafu araon
    teacht nuachruth gréine amárach,
gan ghuais le chéile in uaigneas aerach
    san uaimh sin Chéin Mhic Cáinte.

Beir uaim do phléid gé gur luaigh tú céad ní—
    nós a bhfuil spéis ag a lán ann—
is an duais is fearr nó ualaí séad
    níor chuala mé thú ag trácht air;
tuatha saora, buaibh is caora,
    is cruacha péarla i bpálais—
mar luach ní ghéabhainn uait, is gan gléas
    in am suain le ndéantar páiste.

My dearest one, how best 'twould be
To spend your prime with me, love;
And not shawled away 'neath some tyrant's sway
At spinning and at carding.
The gentle strum of strings a-plucking
To awake you with love's own verses,
No place could be so bright and fair
As the hill of Cian Mac Cáinte.

Sweet gentle love of pearlèd tresses
Come with me by-and-by now—
While nobles, clergy and plain folk too
Lie bedded in their slumber.
Let's northwards stray, far far away;
By sunrise on the morrow,
We'll fearless lie—just you and I
In that fort of Cian Mac Cáinte.

Oh plead no more your hundred matters,
Much as others do now;
For the prize that betters wealth or treasure,
No mention have you made of.
Freeholds, herds and flocks and àll
And clustered pearls in mansions—
I'd take them not—and powerless be
In sleeptime when a-childing.

(Version Seán Ó Briain)

PEADAR Ó DOIRNÍN
?1704-1769

MNÁ NA HÉIREANN

Tá bean in Éirinn a phronnfadh séad damh is mo sháith le n-ól
Is tá bean in Éirinn is ba binne léithe mo ráfla ceoil
Nó seinm théad; atá bean in Éirinn is níorbh fhearr leí beo
Mise ag léimnigh nó leagtha i gcré is mo tharr faoi fhód.

Tá bean in Éirinn a bheadh ag éad liom mur bhfaighinn ach póg
Ó bhean ar aonach, nach ait an scéala, is mo dháimh féin leo;
Tá bean ab fhearr liom nó cath is céad dhíobh nach bhfagham go
Is tá cailín spéiriúil ag fear gan Bhéarla, dubhghránna cróin.

Tá bean a déarfadh dá siúlainn léithe go bhfaighinn an t-ór,
Is tá bean 'na léine is is fearr a méin nó na táinte bó
Le bean a bhuairfeadh Baile an Mhaoir is clár Thír Eoghain,
Is ní fhaicim leigheas ar mo ghalar féin ach scáird a dh'ól.

THE WOMEN OF ERIN

There's a woman in Erin
Who'd give me shelter and my fill of ale;
There's a woman in Erin
Who'd prefer my strains
To strings being played;
There's a woman in Erin
And nothing would please her more
Than to see me burning
Or in a grave lying cold.

There's a woman in Erin
Who'd be mad with envy if I was kissed
By another on fair-day
They have strange ways,
But I love them all;
There are women I'll always adore,
Battalions of women and more
And there's this sensuous beauty
But she's shackled to an ugly boar.

There's a woman who promised
If I'd wander with her
I'd find some gold,
A woman in night dress with a loveliness
Worth more than the woman who vexed
Ballymoyer and the plain of Tyrone;
And the only cure
For my pain I'm sure
Is in the ale-house down the road.

(Version Michael Davitt)

Piaras Mac Gearailt
?1705-1792

Rosc catha na Mumhan

D'aithníos féin gan bhréig ar fhuacht
's ar anfa Théitis taobh le cuan
ar chanadh na n-éan go séanmhar suairc
go gcasfadh mo Shaesar glé gan ghruaim.
 Measaim gur subhach don Mumhain an fhuaim
 's dá maireann go dubhach de chrú na mbua
  torann na dtonn
  le sleasaibh na long
 'tá ag tarraingt go teann 'nár gceann ar cuaird.

Tá lasadh sa ghréin gach lae go neoin—
ní taise don ré, ní théann faoi neol;
tá barra na gcraobh ag déanamh sceol
nach fada bheidh Gaeil go faon faoi cheo.
 Measaim gur subhach don Mumhain an ceol
 's dá maireann go dubhach de chrú na dtreon
  torann na dtonn
  le sleasaibh na long
 'tá ag tarraingt go teann 'nár gceann faoi sheol.

Tá aoibheall ar mire 'gus Áine óg
is Clíona, an bhruinneall is áille snó;
táid mílte 'gus tuilleadh den táin seo fós
á shuíomh le buile go dtáinig an leon.
Measaim gur subhach don Mumhain an ceol
 's dá maireann go dubhach de chrú na dtreon
  torann na dtonn
  le sleasaibh na long
 'tá ag tarraingt go teann 'nár gceann faoi sheol.

THE BATTLE-CHANT OF MUNSTER

I know for sure from the cold
And storming of Thetis by the port
From the birds singing out their notes
That my bright Caesar would come happily home.
    In Munster the sound lifts again
    The hearts of those in sorrow's pain
        The noise of the waves
        Along ships' staves
    Plying the ocean to come to our aid.

The sun shines bright at highest noon
No cloud conceals the light of the moon;
The topmost branches carry the news
Our bright Caesar is coming home soon.
    In Munster the music lifts once more
    The hearts of the strong ones laid so low
        The noise of the waves
        Along ships' staves
    Drawing towards us under full sail.

Aoibheall and Áine join the chase
And Clíona, that maiden so fair;
Thousands have gathered and more again
To greet the lion with loud acclaim.
    In Munster the music lifts once more
    The hearts of the strong ones laid so low
        The noise of the waves
        Along ships' staves
    Drawing towards us under full sail.

Piaras Mac Gearailt
?1705-1792

Is annamh an mhaidin ar amharc an laoi
ná bainim chun reatha go farraige síos
mo dhearca ar leathadh, ag faire de shíor
ar bharcaibh an fharaire ag tarraingt sa tslí.
Measaim gur subhach don Mumhain's gur binn
   's dá maireann go dubhach de chrú na rí
      torann na long
      ag scoilteadh na dtonn
   's ag tarraingt go teann 'nár gceann gan mhoill.

Gach duine d'fhuil Mhíle bháin na gcréacht.
curaí na Traoi mear láidir tréan,
do milleadh le dlí's do crádh le claon
cuirfidh gan mhoill an báire séin.
Measaim gur subhach don Mumhain i gcéin
   's dá maireann go dubhach de chrú na dtréan
      torann na dtonn
      le sleasaibh na long
   'tá ag tarraingt go teann 'nár gceann le faobhar.

The dawning of the day can hardly break
Without finding me going down to the sea;
With eyes wide, forever I gaze
Watching for the warrior's ships on the main.
   In Munster the sound is sweet
   To the royal ones who are so weak
      The noise of the waves
      Along ships' staves
   Plying towards us without delay.

All of mighty Melesius' race,
Troy's swift strong champions great,
Destroyed by laws and cheating play
Will quickly carry off the day.
   In Munster far away the song
   Lifts the hearts of those who are strong
      The noise of the waves
      Along ships' staves
   Plying towards us with flashing blades.

(Version Colm Breathnach)

SEÁN Ó TUAMA
1707-1775

A CHUISLE NA HÉIGSE

A chuisle na héigse, éirigh suas;
is tuirseach in éagruth mé gan suan,
    gan duine sa tsaol
    ag innsin scéil
ar thuras an té atá i gcéin ar cuaird.
Is a Éire mo chroí, tá m'intinn ort.

Dob aite liom siúd óm úrghas óg
ag gearradh's ag brú na mbúr go feor;
    is fada mo shúil
    go bhfaicinn a ghnúis,
an faraire fiúntach fionn i gcoróin.
Is a Éire mo chroí, tá m'intinn ort.

Cuiridh go léir in éifeacht duan
is seinnidhse dréacht do réir na sua;
    sin chughaibh an t-aon
    le n-uimhir den Fhéinn
is stoirmeach tréan a dhéanfas buairt.
Is a Éire mo chroí, tá m'intinn ort.

Tá Pilip is Séamas glé 's a slua
's na ríthe le chéile ag teacht le bua;
    tiocfaid go léir
    i bhfuinneamh 's i bhfaobhar
's in inis gheal Éilge réifid cuan.
Is a Éire mo chroí, tá m'intinn ort.

RISE UP, YE MUSES

Rise up ye muses, come to me
Where I wait sleepless, tired, hoary;
Our prince has gone beyond the sea
And there's none in this world to tell his story.
O Ireland, my heart, I am thinking of you.

Since my youngest days I have prayed that each boor
Be cut down and beaten into the grass:
How long have I waited for our poor
Blonde champion to be crowned—will it ever come to pass?
O Ireland, my heart, I am thinking of you.

Stir up a song and make it lead
To a strain of music that will recall
First the Fianna and their glorious deeds,
Their strength a whirlwind scattering all.
O Ireland, my heart, I am thinking of you.

Philip and James and their entourage,
Joint kings determined to prevail
By strength of arm and fine-honed courage,
In bright Inis Ealga will drop their sail.
O Ireland, my heart, I am thinking of you.

Seán Ó Tuama
1707-1775

Brisfid is réabfaid is déanfaid ruaig
ar bhruithnisc bhaoth an Bhéarla uainn
    cuirfid na Gaeil
    'na n-ionadaibh féin—
sin mise lem ré 's na héigse suas.
Is a Éire mo chroí, tá m'intinn ort.

A Mhuire na naomh, nach aerach suairc
an briseadhsa ag téacht ar bhéaraibh uabhair—
    foireann na cléir'
    ag seinm na dtéad
's gach bile den éigse ag déanamh duan?
Is a Éire mo chroí, tá m'intinn ort.

Ba bhinne liom siúd, a rúin 's a stóir,
an ghloine go húr dá diúgadh ar bord,
    cuideachta shúgach
    muirinneach múinte,
's go mbristear an cúl ná cúnfadh leo.
Is a Éire mo chroí, tá m'intinn ort.

They'll plunder and banish from our land
The English tongue that has us addled,
Restore the Gael to his ancient stand
Put native learning back in the saddle.
O Ireland, my heart, I am thinking of you.

O Mary of the saints, how wonderful that day
When the boors are stripped of their pride and power;
Music will sound on strings so gay
And each branch of learning will start to flower.
O Ireland, my heart, I am thinking of you.

Sweeter for me the crystal clink
Of a new-drained cup on the bar and a host
Of friends in company who share a drink—
And we'll crack his pate who refuses the toast!
O Ireland, my heart, I am thinking of you.

(Version Tomás Ó Canainn)

AINDRIAS MAC CRAITH
1710-1790

SLÁN LE CROMA

Slán is céad ón dtaobhsa uaim
cois Mháighe na gcaor, na gcraobh's na gcruach,
na stát, na séad, na saor, na slua,
na ndán, na ndréacht, na dtréan gan ghruaim.

Curfá
Uch! Uchón! is breoite mise,
gan chuid gan chóir gan chóip gan chiste,
gan sult gan seoid gan spórt gan spionnadh
    ó seoladh mé chun uaignis.

Slán go héag dá saorfhir suairc',
Dá dáimh, dá héigs, dá cléir, dá suaidh,
dom chairde chléibh gan chlaon gan chluain,
gan cháim gan chaon gan chraos gan chruas.

Slán dá n-éis dá béithe uaim,
dá mná go léir, dá scéimh, dá snua,
dá gcáil, dá gcéill, dá gcéim, dá gcuaird,
dá bpráisc, dá bplé, dá méin, dá mbua.

Slán tar aon don bhé ná luaim—
's í an bhánchnis bhéasach bhéaltais bhuach
chuir tráth chun sléibh' mé i gcéin 'om ruaig,
's í grá mo chléibh, ' bí in Éirinn cuach.

Farewell to Croom

A hundred farewells and more from me
To Maigueside of the berries, of the branches, of the
    cornstacks,
Of the estates, of the assets, of the craftsmen, of the people,
Of the poems, of the poetry, of the good-humoured people.

Chorus
Alas! Alas! I am in anguish,
Without land, rights, friends or money,
Without pleasure, wealth, fun or vigour
Since I was banished into loneliness.

Farewell forever to her gay nobles,
To her poets, poetry, clergy and men of learning,
To my faithful friends neither critical nor flattering,
Not flawed, not guileful, not greedy, not mean.

Farewell moreover to her young maidens,
To all her women, to their beauty and good looks,
To their quality and sense, dignity and welcome,
To their playing and wrangling, character and virtue.

A special farewell to one I do not name—
The pale-skinned, polite, soft-lipped and virtuous one
Who caused me once to be banished to the mountains,
She is my dearest love, the fairest in Ireland.

Is fánach faon mé, is fraochmhar fuar,
is támhlag tréith 's is taomach trua
i mbarr an tsléibh 'gan aon, mo-nuar!
im pháirt ach fraoch is gaoth aduaidh.

Don tsráid nuair théim mar aon ar cuaird,
ní háil leo mé 's ní réid le chluain;
bid mná le chéile ag plé, dá lua
"cá háit, cá hé, cá taobh ór ghluais?"

Ó dháil an chléir dom céile nua
Cois Mháighe go héag ní hé mo chuaird;
go brách lem ré táim réidh lem chuaich
's le mnáibh an tsaoil 'chuir mé ar buairt.

Curfá:
Uch! uchón! mo bhrón! mo mhilleadh!
iomarca an óil is póga bruinneall
chuir mise lem ló gan fód gan fothain
 is fós gan iomad fuadair.

I am astray and weak, furious and cold,
Helpless and feeble, unnerved and pitiful
On a mountain-top, alone, alas!
With heather and the north wind as company.

When I venture into a village alone,
I am not wanted there nor will any listen;
The women together debate and ask,
"Who is he and from where did he come?"

As the clergy have assigned me a new companion
To the Maigue till death I will never return;
For evermore I will have done with my beloved
And with all the world's women who caused me grief.

Chorus
Alas! Alas! my sorrow! my ruin!
A surfeit of drinking and maidens' kisses
Has left me without land or shelter
And with a broken spirit.

(Version Diarmuid Ó Drisceoil)

Tadhg Gaelach Ó Súilleabháin
1715-1795

Duan chroí Íosa

Gile mo chroí do chroí-se, a Shlánaitheoir,
is ciste mo chroí do chroí-se a dháil im chomhair;
ós follas gur líon do chroí dem ghrá-sa, a stóir,
i gcochall mo chroí do chroíse fág i gcomhad.

Ar fhuilingis trínne, a Rí ghil ard na gcomhacht,
ní thigeann im smaointe a shuíomh ná a thrácht i gcóir,
's gur le gora-ghoin nimhe do chroí 's do chneá-sa, a stóir,
do bhrostaigh na mílte saoi go sámh i gcoróinn.

A Athair 's a Íosa 'dhíon led bhás mé beo,
's do dhealbh mo ghnaoi gan críochnadh ceard id chló,
nach danartha an gníomh, a Chríost, nár ghrás-sa fós
ach gach uile ní 'na mbíonn do ghráin don tsórt.

Ar shealbhaigh Maois ded dhlí-se i bpáirt an tslóigh,
dob annamh mo chroí-se síoch ná sásta leo,
ach fala 'gus fraoichnimh, craois ag carnadh stóir
le heasmailt gach n-aoin 's na mílte cáin ba mhó.

Le hatuirse cnaíte faoina ndearna geobhad
ag taisteal gach tíre i gcríochaibh Fháilbhe 's Eoghain,
ag aithris mo ghníomhartha 's ag caoi le gártha bróin,
's ag screadaigh go scíosmhar tríd, ag tál na ndeor.

An uair chasfadsa arís led ghuí-se, a bhláth na n-ord,
fá thearmainn Chríost is díon a ghrás 'om chomhad,
biaidh garbhchnoic fraoigh na líog do chráigh mé romhan
'na machairí míne síoda 's 'na mbánta sróill.

CHRIST'S-HEART CASTLE

O Saviour, Thy Heart of my heart has become the light,
And the prize of my heart is to prison Thy Heart in its sight;
Since it's clear that Thy Heart with love for my heart is bright
In the hood of my heart let Thy Heart be bedight.

Of all that You suffered through us, O King of Might,
My mind cannot grasp either content or portent aright,
That thousands of worthies could climb to Thy Throne's dim height
Through the doors of a wound that had bled Thy Body white.

O Father, who salvaged my death in Thy Death's despite,
And who fashioned my form with a love so infinite,
How ghastly an act is it not that my sole delight
Has devolved upon passions and things that Thy Words indict?

What Moses declared of Thy Law for the Israelite
My game was to trail in the mud like a useless kite
With treachery, anger and drunkenness, malice and spite,
And many sins more, so much worse that I dare not write.

So tired with scorn and remorse at my hellish plight
I will travel the country alone like a baleful knight
Recounting my evils, revealing my spirit's blight,
And screaming to ransom my soul from its panic and fright.

When next I am met with Thy wishes, O Flower of Right,
In the angel-decked garden of Christ on that Heavenly Site,
The rough, angry mountains of stones that tormented my flight
Will be changed into pathways of satin and pastures of white.

Tadhg Gaelach Ó Súilleabháin
1715-1795

Ceangal

Ar fán cé bhís-se, a Rí ghil naofa ó neamh,
go cráite trínne i slí nach léir a mheas,
do ghrá-sa, a Chríost, níor mhaís gur réab an tsleagh
áras dín id chroí don tsaol ar fad.

Envoi

O Heavenly Monarch, how sorely Thy Thoughts did ache
When You wandered amongst us, and watched us forsake, forsake—
You never would boast, my Christ, that the spear would break
A way to Thy heart for the whole wide world to take.

(Version David Marcus)

LIAM DALL Ó hIFEARNÁIN
1720-1803

AS UAILLGHUTH AN AOIBHNIS

Ar bhruach na coille móire
    fé rua-bhrata bróin
do seoladh guth im chluasa
    ba shuairce liom fé dhó,
ná ceol na cruite ag fuaimint
is ná glór na lon san uaigneas;
ba é ceol ba bhinne ar chuairt liom
    dá gcuala den tsórt.

Ná an ceol do thugaid sua-fhir
    thar mhórmhuir ón Róimh,
ná an spórt do dhéanaid gruagaigh
    i gcrualios na sló,
ná an gheoin do ligid cuacha
go nua cois coille i mbruach cnoic
is gach brón gur chuir mo chuairt díom
    murach Móirín bheag óg...

I Srónaill dá mbeinn sínte
    fé chrualeic i gcomhad
is an sceol do chlos mar chuala
    go suanmhar ar seol;
le fórsa is neart mo ghuaille
an fód go gcaithfinn suas díom
is mo threo thar n-ais ba luaimneach
    fé thuairim an sceoil.

FROM THE BELL-NOTE OF JOY

By the forest border clearing in my sere and sheeted grief
The noise came to my hearing more sweet beyond belief
Than the thrush's lone delighting, or the harp-string hand requiting,
Nor visited my sightless dark, ever, such dear relief.

Not our learned men returning under spread of sail from Rome,
Not the secret sages murmur in the fairy forts at home,
Not the clamour of the cuckoo newly heard among the bushes—
And but for one young woman, my heart had been whole.

If I were laid in Shronell, under sod and under ground,
And my dead ears caught the promise in the summons of that sound,
By main strength of my shoulder I would lift up slab and boulder
And be back rejoicing, knowing it the Golden Age come round!

(Version Máire Cruise O'Brien)

PÉ IN ÉIRINN Í

I ngleannta séimhe na héigse bím,
i bhfanntais péine i ngéibh gach laoi;
an tseangbhean ghlé ba bhéasach gnaoi
do scanraigh mé, pé in Éirinn í,
pé in Éirinn í!

Ní thráchtfaidh mé ar chéile Naois
thug ár na nGael ar dteacht don Chraoibh,
ná ar bháb ón nGréig do chéas an Traoi,
le grá mo chléibh, pé in Éirinn í,
pé in Éirinn í!

Is breá deas dréimreach réidh a dlaoi
go barr an fhéir ina slaod ar bís;
a tláthfholt réidh dhealramh an Flís
ar ghrá mo chléibh, pé in Éirinn í,
pé in Éirinn í!

Is cásmhar, taodach, déarach bím,
go cráite, créimeach, céasta ó mhnaoi,
is fánach, faon, gan chéill, ar baois,
le grá don bhé, pé in Éirinn í,
pé in Éirinn í!

Ar neoin nuair théim ar thaobh Shuí Finn,
fé bhrón i gcéin is gan aon dem bhuín,
cé sheolfadh Aon-Mhac Dé im líon
ach stór mo chléibh, pé in Éirinn í,
pé in Éirinn í!

WHOE'ER SHE BE

When I must travail in poesy's sweet glens
Each stanza's conceived in sorrow's swoon;
'Tis that slender girl so passing fair
That brings the fit on, whoe'er she be,
Whoe'er she be!

I won't speak of Naoise's piece
Who wrecked the land when the red knights rode,
Nor the gal from Greece who did for Troy,
When I think of my own love whoe'er she be,
Whoe'er she be!

Her hair is lovely, waved like the sea,
Cascading in curls till it sweeps the grass;
It's as smooth and bright as the Golden Fleece;
That's my love's hair, whoe'er she be,
Whoe'er she be!

I'm tearful, sad and really down;
It's a woman who has me racked and sore.
I'm bothered, bewildered, lost it's sure
In the thrall of this damsel, whoe'er she be,
Whoe'er she be!

When I stray at high noon on Seefin's side
Lief alone in sorrow's clutch;
Then God's own Son sends her to me—
Who but my soul, whoe'er she be,
Whoe'er she be!

(Version Sean McMahon & Jo O'Donoghue)

Art Mac Cumhaidh
1738-1773

Úr-chill an Chreagáin

Ag Úr-Chill an Chreagáin chodail mé aréir faoi bhrón
is le héirí na maidne tháinig ainnir fá mo dhéin le póig,
bhí gríosghrua ghartha aici agus loinnir ina céibh mar ór,
is gurbh é íocshláinte an domhain bheith ag amharc ar an
    ríoghain óig.

"A fhialfhir charthanaigh ná caithtear tusa i ndealramh bróin
ach éirigh 'do sheasamh agus aistrigh liom siar sa ród,
go tír dheas na meala nach bhfuair Gallaibh ann cead réim go
    fóill,
mar bhfaighir aoibhneas ar hallaibh do do mhealladh le sianra
    ceoil."

"Cha dhiúltfainn do chuireadh ar a gcruinníonn siad na ríthe
    d'ór,
ach gur cladhartha liom scarúint le mo charaid tá sa tír go fóill;
an céile úd a mheallas le mo ghealladh tráth bhí sí óg,
dá dtréigfinn anois í gur fiosach domh go mbeadh sí i mbrón."

"Cha shaoilim gur caraid duit a mhaireann de do ghaoltaibh beo,
tá tú faofa, gan earra, bocht earraoideach baoth, gan dóigh;
nach mb'fhearr dhuitse imeacht le hainnir na maothchrobh
    meor,
ná an tír so bheith ag fonóid faoi gach rabhán dá ndéan tú a
    cheol?"

THE CHURCHYARD OF CREAGÁN

At the churchyard of Creagáin I slept last night in sorrow
And at daybreak a maiden came to me with a kiss.
She had bright, glowing cheeks and a shine in her locks like gold.
It was like a great cure to look on that young beauty so royal.

"O kind generous man do not lie there in a state of sorrow
But get up and travel the road west with me
To a country, sweet as honey, where the foreigners do not yet hold
    sway,
Where you will find pleasure in halls, being wooed by the sound of
    poetry."

"I would not refuse your invitation for all the gold that kings have
    amassed,
But it would be cowardly of me to part with my friends who remain
    in this land;
That wife I wooed with promises while she was still young,
Were I to desert her now I am certain she would be in grief."

"Those of your relations that survive are no friends to you, I feel.
You are stripped bare, without possessions, poor, astray, foolish and
    hopeless.
Far better for you to leave with this soft-fingered maiden
Than to have your country sneering at every poem you make."

Art Mac Cumhaidh
1738-1773

"A ríoghan deas mhilis, an tú Helen fár tréadadh sló,
nó an de naoi mná deasa thú ó Pharnassus bhí déanta i gcló,
goidé tír insa chruinne dar hoileadh thú, a réalt gan cheo,
ler mhian leat mo shamhailse bheith ag cogarnaigh leat siar sa
 ród?"

"Ná fiafraigh dhíom ceastaibh óir cha chodlaim ar an taoibh so
 'Bhóinn,
is síogaí beag linbh mé a hoileadh le taoibh Ghráinne Óig',
i mbruín cheart na n-ollamh bím go follas ag dúscadh an cheoil,
san oíche ag Teamhair, is ar maidin i gclár Thír Eoghain."

"Is é mo ghéarghoin tinnis gur theastaigh uainn Gaeil Thír
 Eoghain,
agus oidhríbh an Fheadha, gan seaghais faoi léig 'ár gcomhair,
géagaibh glandaite Néill Fhrasaigh nachar dhiúlt do cheol,
chuirfeadh éide fá Nollaig ar na hollaimh bheadh ag géilleadh
 dóibh."

"Ó tréadadh na treabhaibh bhí in Eachroim, is faraoir fón
 mBóinn,
sliocht Íre, na flathaibh bhéarfadh foscadh do gach draoi gan
 ghleo,
nach mb'fhearr dhuitse isna liosaibh agus mise le do thaoibh
 gach neoin,
ná saighde chlann Bhullaí bheith ag tolladh fríd do chroí go
 deo?"

"O fair, sweet princess, are you Helen who caused so many men to
    perish
Or are you one of the nine beauties from Parnassus so shapely and
    fine?
In what country in the world were you reared, o star without fault,
That you want someone like me to whisper to you as you take the
    road west?"

"Do not ask me questions because I do not sleep on this side of the
    Boyne.
I am a young fairy child who was reared by the side of Gráinneog.
In the true houses of the poets it is known that I inspire poetry,
By night at Tara and in the morning on the plain of Tyrone."

"I am in pain, sorely wounded now that the Irish of Tyrone are no
    more,
And the heirs of the Fews, joyless under slabs here before me,
The fair descendants of Niall Frasach also who never rejected
    poetry,
But would at Christmas present robes to the poets who served
    them."

"Since the tribes that were in Aughrim have been destroyed, and
    alas by the Boyne
The people of Ír, who would give shelter to every poet without fuss,
Far better for you to be in the fairy-dwellings with me always by
    your side,
Than the arrows of the foreigners forever piercing your heart."

Art Mac Cumhaidh
1738-1773

"A ríoghan deas mhilis, más cinniúin domh tú féin mar stór,
tabhair léigse is gealladh domh sul fá n-aistre mé leat siar sa ród:
má éagaim fán tSeanainn, i gcrích Mhanainn, nó san Éiphte mhór,
gurb ag Gaeil chumhra an Chreagáin a leagfar mé i gcré faoi fhód."

"O fair, sweet princess, if you are fated to be my love,
Make a promise and vow before I head west with you:
If I die by the Shannon, on Man or in Egypt great,
That it is with the sweet Irish at Creagán I will be laid in the earth."

(Version Diarmuid Ó Drisceoil)

ART MAC CUMHAIDH
1738-1773

AG BRUACH DHÚIN RÉIMHE

Ag bruach Dhúin Réimhe ar uaigneas lae
    Ba shnuamhar géaga Bláthgheal,
Chualas géimneach chuanta Éireann,
    Is fuaim san spéir anairde;
Na dúilí i bpéin is a gcúl' le chéile,
    Is gnúis na gréine báite;
Is slua na n-éan ag fuagradh scéil,
Le gruaim gur éag na cága.

Nár chloíte mé, im luí i bpéin
    Go bhfaighinnse scéal an ábhair,
Tréis críochnaithe an tsaoil, mar mhíníos cléir,
    Bhí triall ar Ghaeil an lá sin.
Bhí uafás gaoithe ag fuaimniú an aeir
    le siorchur laoige is tairní
Is na hualaigh éisc le gruaim gur éag
    Ina gcuail ar thaobh na trá.

Tráth thiontaigh an spéir is gach ní fén ngréin,
    is an saol fé éicliops ábhail,
Smaoineas féin gur mhithid dom teitheadh
    Go dún na gcraobh is na fáilte;
D'éirigh an smaolach cumhra béilbhinn
    Suas ar ghéagán láimh liom,
Is ba binne ná téada milse Orphéus
Ceiliúr an éin dob' áille.

CLOSE BY DÚN RÉIMHE

Close by Dún Réimhe in the solitude of the day,
Fair were the bright-flowered branches,
I heard the roaring of Ireland's seas,
And a clamour in the sky above;
The elements in torment and pulled apart,
And the face of the sun hidden;
And the hosts of birds proclaiming the news,
In gloom that the jackdaws had died.

I was subdued and lying in pain
Awaiting further word on the matter,
After life had ended, as the clergy explain,
The Irish were beset on that day.
A terrible wind resounded in the air
And snow and thunder were constant.
And shoals of fish that had died of grief
Lay piled on the edge of the sea.

When the sky and all under the sun was upturned
And the world lay under a total eclipse,
I thought it would be better for me to flee
To that wooded and welcoming fort;
The sweet and melodious thrush flew up
To a branch close by me,
And sweeter by far than the tuneful strings of Orpheus
Was the song of that most beautiful bird.

Art Mac Cumhaidh
1738-1773

A smaolaigh chléibh, ó chí tú féin
   Gur cloíodh sliocht Gael san áit seo,
Tabhair éirí léim i lúib an aeir,
   Is beir sitheadh géar ar sáile.
Mar bhfaighe tú fréamh de ghaol Uí Néill
   I dtíortha tréana na Spáinne
Is aithris don méid sin mhairfeas ón éag
   Gur scaoileadh a n-aolchloch álainn.

Tráth chuala an t-éan mé ag lua Shíol Néill,
   Le gruaim gur éirigh anairde,
A sciatháin gur spréigh sé síos go féar leis
   Is bhuail sé a thaobh go cráite;
Dúirt gur bhuartha baoth mo scéal,
   Ó chuaigh fé liaga sparrtha,
Is má cuartaír féin na tuamaí céanna
Gurab ualach cré agus cnámh iad.

D'fhiafraíos fén de phlúr na n-éan
   Ba úire d'éanlaith Pharrthais,
Nár fhuagair sé an dún ba shaibhre,
   Creagán na gcraobh le gártha,
Nó an gcuala na tréanfhir d'uaisle Shíol Néill,
   Gur tuairgneadh saor i lámha,
A ruaigfeadh an méid seo uainn as Éirinn,
   Sluaite Sheáin is Mháirtín.

O dearest thrush, since you can see
That the Irish have been vanquished here,
Take off up to the vault of heaven
And fly with speed across the sea.
Go to where you will find the descendants of the Ua Néill
In the powerful country of Spain
And tell those that still avoid death
That their beautiful bright fortress has been ruined.

When the bird heard me mention the race of Niall,
With sorrow he rose on high,
He spread his wings and came again to the ground
And beat his side in torment;
He said my state was grievous and senseless,
Since the valiant heroes were laid beneath slabs,
And were those same tombs now searched
Only earth and bones would be found there.

I asked the finest of all the birds,
That most noble of the birds of Paradise,
If he had not warned that fort so rich,
With cries, wooded Creagán;
Or if the strong and noble descendants of Niall,
Had heard that the free had been enchained,
That would banish these out of Ireland,
The hosts of Seán and Máirtín.

ART MAC CUMHAIDH
1738-1773

A Eoghain Rua, mo léan thú bheith fuar i gcré
    Is tú ruaigfeadh an chéithearn Ghallda;
Is gur fuadaíodh Féilim uasal tréitheach
    Go cúige Laighean dá bhású;
Tiarna Uíbh Éachach bhí ar uaisle Gael
    Gur chríonaigh an t-éag a chnámha;
Is cá bhfaighthear a léitheid arís chun feadhma,
Ó síneadh an méid seo i gclártha?

Go Tír Eoghain má théir, gheobhair póg is céad,
    Is treoraigh an scéal go dáimhiúil,
Mar a bhfuil na laochra is dísle méin
    Tá lúfar tréitheach láidir.
Tá an cháin seo réidh chun sásamh an Té
    D'fhág smál ar Ghaeil ón tráth sin,
Is a phlúir na n-éan, ná humhlaigh go héag
Go stí Síol Néill le tarrtháil.

Ó bhreoigh tú mé le glór do bhéil,
    Is nach bhfoghtar le leigheas ón mbás mé,
Go cúige Laighean is cóir dúinn gléas
    Go dún Uí Néill ar máirseáil—
Ór na hÉiphte is spórt na Gréige
    Agus ceol na dtéad ar chláirsigh,
Is ní bhfóirfeadh an méid seo is foghaim go léir é,
    A stóir, muna n-éagfainn láimh leat.

O Eoghan Rua, it grieves me that you lie cold in the earth
It is you would banish the foreign yeomen;
And the talented and noble Feilim was carried off
To his death in the province of Leinster;
The lord of Uíbh Eachach, the noblest of all the Irish,
Whose bones death has decayed;
And where can his worthy equal again be found
Since so many have been laid in their coffins.

If you go to Tír Eoghain, you will be kissed a hundred times
    and more,
And deliver the news with sympathy,
For it is there the most loyal heroes are to be found
Who are vigorous, talented and strong.
This penalty is paid to satisfy the one
Who left a blot on the Irish since that time.
And, O fairest of birds, do not submit before death
Until the descendants of Niall come with salvation.

Since you crushed me with the sound of your voice
And since I am left with no defence against death,
We should make our way to the province of Leinster
And march to the fort of the Ua Néill—
Egypt's gold and the games of Greece
And the music of harpstrings,
That much would not save me and I leave it all,
My darling, if I am not to die by your side.
                                    (Version Diarmuid Ó Drisceoil)

Eibhlín Dubh Ní Chonaill
c.1743-c.1780

as Caoineadh Airt Uí Laoghaire

Mo ghrá go daingean tú!
Lá dá bhfaca thú
ag ceann tí an mhargaidh,
thug mo shúil aire dhuit,
thug mo chroí taitneamh duit,
d'éalaíos óm charaid leat
i bhfad ó bhaile leat

Is domhsa nárbh aithreach:
Chuiris parlús á ghealadh dhom,
rúmanna á mbreacadh dhom,
bácús á dheargadh dhom,
brící á gceapadh dhom,
rósta ar bhearaibh dom,
mairt á leagadh dhom;
codladh i gclúmh lachan dom
go dtíodh an t-eadartha
nó thairis dá dtaitneamh liom.

Mo chara go daingean tú!
is cuimhin lem aigne
an lá breá earraigh úd,
gur bhreá thíodh hata dhuit
faoi bhanda óir tarraingthe;
claíomh cinn airgid,
lámh dheas chalma,
rompsáil bhagarthach—
fir-chritheagla
ar námhaid chealgach—

FROM THE LAMENT FOR ART O'LEARY

My love and my delight,
The day I saw you first
Beside the market-house
I had eyes for nothing else
And love for none but you.

I left my father's house
And ran away with you,
And that was no bad choice;
You gave me everything.
There were parlours whitened for me,
Bedrooms painted for me,
Ovens reddened for me,
Loaves baked for me,
Joints spitted for me
Beds made for me
To take my ease on flock
Until milking time
And later if I pleased.

My mind remembers
That bright spring day,
How your hat with its band
Of gold became you,
Your silver-hilted sword,
Your manly right hand,
Your horse on her mettle
And foes around you
Cowed by your air;

tú i gcóir chun falaracht
is each caol ceannann fút.
D'umhlaídís Sasanaigh
síos go talamh duit,
is ní ar mhaithe leat
ach le haon-chorp eagla,
cé gur leo a cailleadh tú
a mhuirnín mh'anama...

Mo ghrá thú agus mo rún!
tá do stácaí ar a mbonn,
tá do bha buí á gcrú;
is ar mo chroí atá do chumha
ná leigheasfadh Cúige Mumhan
ná Gaibhne Oileáin na bhFionn.
Go dtiocfaidh Art Ó Laoghaire chugham
ní scaipfidh ar mo chumha
atá i lár mo chroí á bhrú,
dúnta suas go dlúth
mar a bheadh glas a bheadh ar thrúnc
's go raghadh an eochair amú...

A mhná so amach ag gol
stadaidh ar bhur gcois
go nglaofaidh Art Mhac Conchúir deoch,
agus tuilleadh thar ceann na mbocht,
sula dtéann isteach don scoil—
ní ag foghlaim léinn ná port,
ach ag iompar cré agus cloch.

On your white-nosed mare
The English lowered their head before you
Not out of love for you
But hate and fear,
For, sweetheart of my soul,
The English killed you...

My love and my secret,
Your corn is stacked,
Your cows are milking;
On me is the grief
There's no cure for in Munster.
Till Art O'Leary rise
This grief will never yield
That's bruising all my heart
Yet shut up fast in it,
As 'twere in a locked trunk
With the key gone astray,
And rust grown on the wards...

But cease your weeping now,
Women of the soft, wet eyes
Till Art O'Leary drink
Ere he go to the dark school—
Not to learn music or song
But to prop the earth and the stone.

(Version Frank O'Connor)

Eoghan Rua Ó Súilleabháin
1748-1784

Ceo draíochta

Ceo draíochta i gcoim oíche do sheol mé
    trí thíorthaibh mar óinmhid ar strae,
gan príomhcharaid díograis im chóngar
    's mé i gcríochaibh tar m'eolas i gcéin;
do shíneas go fíorthuirseach deorach
    i gcoill chluthair chnómhar liom féin,
ag guíochan chun Rí ghil na glóire
    's gan ní ar bith ach trócaire im béal.

Bhí líonrith im chroí-se gan gó ar bith
    sa choill seo gan glór duine im ghaor,
gan aoibhneas ach binnghuth na smólach
    ag síorchantain ceoil ar gach géig.
lem thaoibh gur shuigh sí-bhruinneall mhómhrach
    i bhfír is i gcló-chruth mar naomh;
'na gnaoi do bhí an lí gheal le rósaibh
    i gcoimheascar, 's níorbh eol dom cé ghéill.

Ba trinseach tiubh buí-chasta ar órdhath
    a dlaoi-fholt go bróig leis an mbé,
a braoithe gan teimheal is mar an ómra
    a claonroisc do bheo-ghoin gach laoch;
ba bhinn blasta fírmhilis ceolmhar
    mar shí-chruit gach nóta óna béal,
's ba mhín cailce a ci' cruinne a gcóir chirt
    dar linne nár leonadh le haon.

THE MAGIC MIST

Through the dark night a magic mist sent me
    Straying crazily over the land
With no bosom companion to guide me
    Through places unknown and beyond.
I stretched out despondent and tearful
    Alone in a warm, nut-filled wood
And prayed to the bright king of Glory
    And "mercy" was all that I cried.

My heart was furiously pounding
    In this wood free of all human sound;
My sole pleasure the thrush's sweet singing
    Trilling clearly from bough to bough.
Then a lovely *sí*-girl sat beside me
    Saintly in figure and face.
The lily and rose were contending
    In her countenance, though neither gave way.

In thick bright-plaited tresses of gold
    The lady's hair flowed to her shoe;
Her brows without flaw were like amber;
    Her eyes had caused many a wound.
Deliciously sweet and melodic
    As a *sí*-harp each note from her mouth,
Breasts rounded, chalk-white and shapely,
    Never sullied by another, I'd vouch.

Eoghan Rua Ó Súilleabháin
1748-1784

Feacht roimhe sin cé bhíos-sa gan treoir cheart,
    do bhíogas le ró-shearc don bhé
's do shíleas gurbh aoibhneas mór dom
    an tsí-bhean do sheoladh faoim dhéin;
im laoithibh do scríobhfad im dheoidh duit
    mar a scaoileas mo bheol seal ar strae
's gach caoinstair dár ríomhas don óig dheis
    is sinn sínte ar fheorainn an tsléibhe.

"A bhrídeach na righinrosc do bhreoigh mé
    le díograis dod shnó 'gus dod scéimh
an tú an aoilchnis trír dísceadh na mórthruip
    mar scríobhtar i gcomhrac na Trae,
nó an Rí-bhruinneall mhíolla d'fhúig comhlag
    cathmhíle na Bóirmhe 's thréad
nó an ríoghan do dhlígh ar an mórfhlaith
    ón mBinn dul dá tóraíocht i gcéin?"

Is binn blasta caoin d'fhreagair domhsa
    's í ag síorshileadh deora trí phéin
'Ní haoinbhean dár mhaís mise id ghlórthaibh,
    's mar chímse ní heol duit mo thréad;
's mé an bhrídeach do bhí sealad pósta
    fá aoibhneas i gcoróinn chirt na réx
ag rí Chaisil Chuinn agus Eoghain
    fuair mírcheannas Fódla gan phlé'.

Though before this I had been quite listless
    My heart with love now ached
And I thought what an exquisite pleasure
    That the lady had been sent my way.
I will write in the verses that follow
    How I let my speech wander at will;
Each sweet tale I told my fair lady
    As we stretched on the side of the hill.

"Lady of the stern eyes who pierced me
    With love for your form and your face,
Are you the Fair One through whom many were slaughtered
    As the Story of Troy relates,
Or the gentle princess who let languish
    The chief of Boru and his tribe,
Or the queen who decreed that Howth's hero
    Should search for her far and wide."

She answered me tenderly and sweetly,
    Shedding tears of pain all the time,
"I am none of the women you mention
    And I see you know not who I am.
I'm the bride who was blissfully married
    For a while to the justly crowned king
Who ruled Caiseal of Conn and of Eoghan,
    Whose pre-eminence was questioned by none."

"Is dubhach bocht mo chúrsa 's is brónach
   'om dhúrchreimeadh ag coirnigh gach lae
fá dhlúthsmacht ag búraibh gan sóchas,
   's mo phrionsa gur seoladh i gcéin;
tá mo shúilse le hÚrMhac na glóire
   go dtabharfadh mo leoghan faoi réim
'na dhúnbhailtibh dúchais i gcóir mhaith
   ag rúscadh na gcrónphoc le faobhar."

"A chúileann tais mhúinte na n-órfholt
   de chrú chirt na coróinneach gan bhréag,
do chúrsa-sa ag búraibh is brón liom
   faoi smúit, cathach ceomhar gan scléip;
'na dhlúthbhrogaibh dúchais dá saoladh
   Mac cúntach na glóire, do réx,
is súgach do rúscfainnse crónphoic
   go humhal tapaidh scópmhar le piléir."

"Ár Stíobhard dá dtíodh chughainn thar sáile
   go críoch Inis Áilge faoi réim
le *fleet* d'fhearaibh Laoisigh 's an Spáinnigh
   is fíor le corp áthais go mbeinn
ar fhíor-each mhear ghroí thapa cheáfrach,
   ag síorchartadh cách le neart piléar,
's ní chlóifinnse m'intinn 'na dheáidh sin
   chun luí ar sheasamh garda lem ré."

"My plight is sad, gloomy and tearful,
　Gnawed at by jackals each day,
Under the yoke of dour tyrants
　And my prince banished over the sea.
My hope is that the one Son of Glory
　Will send back my lion in power
To his strong, native towns in good order
　To flay the black goats with his sword."

"My courteous, sweet, golden-haired lady
　Of true royal blood, and no lie,
I pity your plight among scoundrels
　Sad, gloomy and deprived of all joy.
If your King to his strong, native places
　The generous Son of Glory should send,
I would swiftly and joyfully riddle
　With bullets those swarthy black hounds."

"If our Stuart returned o'er the ocean
　To the land of Inis Ailge in full sway
With a fleet of Louis' men and the Spaniard's,
　I would truly be overcome with joy.
On a strong true-bred steed, lightly prancing,
　Spraying them with shot all the while
I'd not weaken my spirit thereafter
　Standing guard for the rest of my life."
　　　　　　　(Version Caoimhín Mac Giolla Léith)

— 111 —

EOGHAN RUA Ó SÚILLEABHÁIN
1748-1784

AS IM AONAR SEAL AG SIÚL BHÍOS

Im aonar seal ag siúl bhíos
    i dtúis oíche i ngaortha ceoidh,
lem thaobh gur dhearcas fionnríon
    'om ionsaí go séimh ar seol,
a céibhe ar fad 'na mbúclaíbh
    ag tabhairt síos ar scéimh an óir
go craobhach casta ciumhaisbhuí
    'na bhfonsaíbh go béal a bróg...

"An tú Deirdre mhaiseach bhúch bhinn
    do cruthaíodh de phréimh na leon
lenar traochadh flaith is fionnrí
    le dlúthchroícht in éigin ghleo
nó an bhé lér cailleadh Cú Raoi
    gan iontaoibh i ndéana' an phóirt
nó an spéirbhean chneasta dhúblaíodh
    'na smúit ghrinn ar Éirinn ceo?"

"Is béasach blasta búch binn"
    adúirt sí go séimh ar fód
"Ní haon ded mheas, a rúin, sinn—
    díultáim go héag den tsord;
is bé mé at taisteal dúthaí
    go dúchríoch i ndeídh mo leoin
's mo chréachta ar leathadh ag búraibh—
    'om shú bhíd 'na slaoda 'om dheol."

IN SOLITUDE I WALKED A WHILE

In solitude I walked a while
    At fall of night through misty glens,
To my side I saw a maiden fair
    Under sweet sail approaching,
Her hair was held in buckles
    And fell with a golden gleam,
Branching, curling, yellow-edged
    In tresses to her feet.

Are you sweet-mouthed Deirdre, I asked,
    Scion of that race of lions
That left princes and kings vanquished,
    Heavy-hearted after strife,
Or the maid for whom bold Cúraoi died
    When in despair he took to drink,
Or that vision woman who smiled,
    Ethereal, on Ireland of the mists?

How courteously she answered,
    Bright words rang with truth:
You guess in vain, my dear, she said,
    I am none of those sorts;
I am a girl who travels lands
    With heavy heart in search of her lion,
Wounded by the foreigner's blows
    Dry-suckled by the mob.

Eoghan Rua Ó Súilleabháin
1748-1784

"Tá Séarlas mear's a thrúip ghroí
　　dár n-ionsaí go héasca ar seol,
do réifidh seal mo chúrsaí
　　ag búraibh le faobhar gleo;
beidh séideadh ceart is brú fíor
　　ar bhrúdaibh dá dtraochadh ar feo,
's ní léan liom lag gan lúth puinn
　　gach trú dhíobh nár ghéill don ord."

"Beidh cléir na gceacht gan phúicín
　　ag úrmhaíomh an Aonmhic chóir
is éigse cheart á dtabhairt síos
　　i ngach fionnlaoi go néata i gcló;
Beidh an tréad so threascair dubhach sinn
　　gan lionntaí, gan féasta ar bord
is Gaeil go seascair subhach síoch
　　'na ndúthaí go séanmhar sóil."

Swift Charles and his merry crew
    Attack us these days at their ease
And my life is fenced, alas,
    By the battle-blades of boors.
But there will come another day,
    Slaughter will visit that foreign crew,
And I will shed no tear for their weakest, even,
    Who yields not to the Truth.

Our learned clergy, undisguised,
    Shall proclaim anew God's only son,
And real poets will transcribe
    Each bright song in neat print;
That gang that pressed us sorely
    Shall go hungry, without ale
While the Gael will live in plenty,
    And peace reign in his lands.

(Version Tomás Mac Síomóin)

BRIAN MERRIMAN
1749-1803

AS CÚIRT AN MHEÁNOÍCHE

*Siúlann an file amach maidin shamhraidh. Tar éis tamaill titeann
a chodladh air agus feiceann sé "spéirbhean" ag teacht ina threo.
Cuireann sí iachall air freastal ar chúirt nach bhfuil ina bun ach
mná.*

Ba ghnáth mé ag siúl le ciumhais na habhann
ar bháinseach úr's an drúcht go trom,
in aice na gcoillte, i gcoim an tslé',
gan mhairg, gan mhoill, ar shoilse an lae.
do ghealadh mo chroí nuair chínn Loch Gréine,
an talamh, 's an tír, is íor na spéire;
taitneamhach aoibhinn suíomh na sléibhte
ag bagairt a gcinn thar dhroim a chéile...

Ba ghairid mo shuan nuair chuala, shíl mé,
an talamh máguaird ar luasadh im thimpeall,
anfa aduaidh is fuadach fíochmhar
is calaithe an chuain ag tuargain tínte.
Siolladh dem shúil dá shamhlaíos uaim
do chonac mé chugham le ciumhais an chuain
an mhásach bholgach tholgach thaibhseach
chnámhach cholgach ghoirgeach ghaibhdeach;
a haeirde cheart, má mheas mé díreach,
sé nó seacht de shlata is fuíollach,
péirse beacht dá brat ag sraoilleadh
léi san tslab le drab, is ríobal.
Ba mhuar, ba mhiair, ba fiain le féachaint
suas 'na héadan créachtach créimheach;
b'anfa ceantair, scanradh saolta,

FROM THE MIDNIGHT COURT

The poet goes for a walk on a summer morning. After a while he falls
asleep and a vision of a "spéirbhean" comes to him. She obliges him
to attend a court presided over by women.

Beside the water I often walk
Through fields where the dew is as thick as chalk;
With the woods and the mountains just in sight
I hang around for the dawn to light.
Loch Gréine lifts my soul with joy—
Such land! Such country! What a sky!
How silently the mountains rest
Their heads upon each other's breast.

Brief was my rest when, it appeared,
With shocks and shakes the mountains reared,
The north was numbed with thunder-crash,
The waves were laced with lightning-flash;
Whatever look I chanced to take
I saw, approaching by the lake,
A hellish, hairy, haggard hank,
Bearded, bony, long and lank;
Her height I'd estimate for sure
At twenty feet, and maybe more,
For yards behind she dragged her coat
Through all the muck and mire and mud;
It took some nerve merely to glance
Upon that ghoulish countenance
For with her ghastly, toothless grin

a draid 's a drandal mantach méirscreach.
A rí gach má! Ba láidir líofa
a bíoma láimhe is lán-staf inti,
is comhartha práis 'na bharr ar spíce
is comhachta báille in airde air scríofa.

Adúirt go doirgeach d'fhocla dána:
"múscail, corraigh, a chodlataigh ghránna!
Is dubhach do shlí bheith sínte id shliasta
is cúirt 'na suí 's na mílte ag triall ann.
Ní cúirt gan acht gan reacht gan riail
ná cúirt na gcreach mar chleacht tú riamh,
an chúirt seo ghluais ó shluaite séimhe
ach cúirt na dtrua, na mbua is na mbéithe..."

*Labhrann bean óg os comhair na cúirte. Tá sí ag gearán nach bhfuil
na fir óga ag pósadh.*

'Sí cúis mo cháis, 'sí fáth mo chaointe—
Cúis do chráigh mé is d'fhág mé cloíte,
Bhain dem threoir méis sheoil gan chiall mé,
Chaith mar cheo mé dóite pianta—
na sluaite imíos gan chrích gan chaomhnadh
Ar fuaid an tsaoil seo d'fhíorscoth béithe
'Na gcailleacha dubha gan cumhdach céile,
Caite, gan clú gan chionta claonbhirt.
Is aithnid dom féin sa méid seo im shiúlta
Bean agus céad nár mhéin leo a dhiúltadh,
Is mise ina measc, mo chreach mar táimse,
D'imigh 'na spaid gan fear gan pháiste,
Mo dhochar, mo dhó, mo bhrón mar bhím,

She'd frighten the life out of anyone.
To top it all, in a mightly paw
Was the biggest staff I ever saw,
And in letters of brass the information
That she had a bailiff's qualification.

Then, with a gruff and angry shout,
"Get up," she snarled, "you lazy lout!
A nice, bloody thing: you're stretched in state
While the Court's convened and thousands wait.
And this is no court where the law is bent
Like the courts of graft that you frequent,
But one that is run by the pure in heart
Where Virtue, Justice, Right take part."

*A young woman speaks before the court. She complains that the
young men are unwilling to marry.*

"The reason I'm senseless and almost insane,
The thing that has taken and torn me in twain
And has pricked me with pangs and has plagued me with pain—
Is the number of women, old and young,
For whom no wedding bells have rung,
Who become in time mere hags and crones
Without man or money to warm their bones.
Thousands will back my evidence,
And I speak, alas, from experience;
Like me, I can swear, there's many another
Aching to be a wife and mother,
But the way were ignored you'd think we're wrecks
Possessed of gender but not of sex;

BRIAN MERRIMAN
1749-1803

Gan sochar gan seoid gan só gan síth,
Go doilbhir duaibhseach duamhar dítheach,
Gan chodladh gan suan gan suairceas oíche,
Ach maslaithe i mbuairt gan suaimhneas sínte
Ar leabain leamh-fhuar dár suathadh ag smaointe.
A Cháidh na Carraige breathain go bíogach
Mná na Banba in anacra suíte,
Ar nós má leanaid na fearaibh dá bhfuadar
Ó, mo lagar, ach caithfeamna a bhfuadach!
'Sé am 'nar mhéin leo céile phósadh
An t-am nár mhéin le héinne góbhail leo,
An t-am nárbh fhiú bheith fútha sínte—
Seandaigh thamhands shúite chlóite;
Dá dtiteadh amach le teas na hóige
Duine fán seacht ar theacht féasóige
Cheangal le mnaoi ní míntais thoghfaidh.
Thaitneamhach shuíte 'e shíol ná d'fhoghlaim,
Cló-dheas chaoin ná míonla mhánla
A mb'eól di suí nó tíocht do láthair—
Ach doineantach le doghrainn cabhair nach cuí dó..."

Tugann Aoibheall, banríon na síog, atá ina huachtarán ar an gcúirt, breithiúnas agus toghtar an file, mar gur baitsiléar é, chun sciúirseáil a dhéanamh air. Tagann an spéirbhean ach dúisíonn an file díreach an nóiméad sin.

An spéirbhean
"Cúnamh adeirim libh, beiridh air: tóg é
Úna, goirim thú, as faigh dom an córda!
Cá bhfuil tú. 'Áine, ná bí ar iarraidh,
ceangailse, a Mháire, a lámha taobh thiar de!

At night with longing I'm lacerated,
Alone in bed I lie frustrated
And damned with dreams of desire denied
My hunger goes unsatisfied.
O Aeval, you must find a way
To save our women without delay,
For if the men are allowed to shirk
We'll have to force them to do their work.
By the time they're ready to take a wife
They're not worth taking to save their life,
They're stiff and shrunken and worn and weak
And when they mount you they wheeze and creak.
Then if, by chance, some lusty beau
Whose beard has hardly begun to grow
Decides to marry, whom does he wed—
Not a girl who is finely-bred,
With fawn-like figure and fetching face,
Who knows how to carry herself with grace,
But a wicked witch or a female Scrooge
Who gathered her dowry by subterfuge!"

*Aoibheall, queen of the fairies, gives judgement and the poet, as a
bachelor, is sentenced to be the first male to receive punishment. The
"spéirbhean" or bailiff arrives to administer it but the poet wakes up
just in time.*

"Now, my hearties, be prepared,
No endeavour must be spared;
Recall the times when we were spurned,
But here, at last, the worm has turned.

A Mhuirinn, a Mheadhbh, a Shadhbh 's Shíle
cuiridh i bhfeidhm le doighearthaibh díocais
barr gach scóla d'ordaigh an tsíbhean;
báidh sa bhfeoil gach córda sníomhach,
tomhais go fial na pianta is crua
le tóin is tiarpa Bhriain gan trua.
Tóg na lámha is ardaigh an sciúirse,
is sompla sámh é, a mhná na múirne!
Gearraigí doimhin, níor thuill sé fábhar,
bainigí an leadhb ó rinn go sáil de,
cloistear a chling i gcríochaibh Éibhir
is critheadh a gcroí sna críontaigh aonta!

Is ciallmhar ceart an t-Acht é, sílim,
bliain an Acht so is ceart é scríobh dúinn;
réitigh, ceil nó goid de sceimhle,
céad is deich fá leith as míle,
dúbail ceart an freastal fuíollaigh—
is thúirling Mac an tseachtain roimhe sin."

Glacann sí an peann, is mo cheannsa suaite
ar eagla m'fheannta is scanradh an bhuailte;
an aga do bhí sí ag scríobh an dáta
is maithibh an tí aici suíte ar gárda ann,
scaras lem néall, do réidheas mo shúile
is phreabas de léim ón bpéin im dhúiseacht!

All hands now! Help! Hold down the pup!
Run, Una! Rope him! Tie him up!
Push Anne! You can do better surely!
Mary, tie his hands securely!
Sheila, Sal, don't stand and stare,
Hurry now and do your share,
You heard his punishment announced
So see he's well and truly trounced,
Lay into him each time you hit,
His bottom's broad enough for it;
Just keep on striking where he bends,
You'll soon reduce his fat, my friends,
Don't weaken, don't be faint of heart,
You're not to miss a single part.
Beat hard so that his screams and cries
Will freeze the other nancy-boys.
No better day than this could be,
It should go down in history,
So write it out, and don't forget
We may be all quite famous yet—"
She took her pen; I gave a moan;
Her threats had chilled me to the bone;
And as she scribbled in a book
And eyed me with a dreadful look,
I took a breath that was long and deep,
And opened my eyes—I had been asleep.

(Version David Marcus)

— 123 —

Seán Ó Coileáin
1754-1816

AS MACHNAMH AN DUINE DHOILÍOSAIGH

Oíche dom go doiligh dubhach
   cois fharraige na dtonn dtréan
ag léirsmuaineadh is ag lua
   ar choraibh crua an tsaoil.

Bhí an ré is na réalta suas,
   níor chlos fuaim toinne ar trá
is ní raibh gal ann den ghaoith
   do chraithfeadh barr crainn ná bláth.

Do ghluaiseas i machnamh mhaon
   gan aire ar raon mo shiúil,
doras cille gur dhearc mé
   san gconair réidh ar mo chionn...

Bhí fora fiar ar a thaoibh,
   is cian ó cuireadh a cló,
ar a suíodh saoithe 'gus cliar
   is taistealaigh thriallta an róid.

Shuigh mé síos le machnamh lán,
   do leigeas mo lámh fám ghrua
gur thuit frasa diana déar
óm dhearcaibh ar féar a-nuas.

Adúirt mé ansan fá dhíth
   agus mé ag caoi go cumhach
"do bhí aimsear ina raibh
   an teach so go soilbh subhach."

FROM TIMOLEAGUE ABBEY

One night I sat sadly
As the sea's waves surged,
My mind torn asunder
By life's hard course.

The moon and stars shone
On tides breaking quietly
Near shores without even
A gust to stir flowers.

I walked away thinking,
Oblivious to my path
Blocked by a door
Once an entrance to alms.

Beside me, a plain bench
Made long ago.
Its twisted wood had known
Priests and people of the road.

My mind brimmed as I sat
With face against my palms.
My tears seemed showers
Spilling on the grass.

I spoke my loss aloud
And cried out in sadness,
"There was a time this house
Teemed with happiness,

Seán Ó Coileáin

1754-1816

Sonn do bhíodh cloig agus cléir,
    dréachta 'gus diadhacht dá léadh,
cora, ceatal agus ceol
    ag moladh mórgachta Dé.

A fhothrach fholamh gan aird,
    a árais seo is aosta túr,
is iomdha eascal is gaoth
    do bhuail ar mhaol do mhúir.

Is iomdha fearthainn is fuacht
    is stoirm chuain do chuiris díot
ó tíolaiceadh tú ar dtúis
    do Rí na ndúile mar thíos…

Eidhean ag eascar ós do stua,
    neantóg rua it urlár úr,
tafann caol na sionnach seang
    is crónán na n-eas id chlúid.

Mar a nglaodh an fhuiseog mhoch
    do chléir ag canadh a dtráth,
ní bhfuil teanga ag corraí a-nois
    ach teangtha gliogair na gcág.

Atá do phroinnteach gan bhia,
    do shuainlios gan leaba bhláth,
do thearmann gan íobairt cliar
    ná aifreann do Dhia dá rá.

With priests and bells,
With hymns and sacred books.
Choirs and music praised
God's greatness in psalms.

Empty, wasted ruin,
Standing by an ancient tower,
Your destruction withers me,
Your saints scattered.

God took you for a home
And storms battered your wall.
Now all you hear is the sharp
Screaming of owls.

Ivy grips your arch.
Nettles cover your floor.
The rough bark of foxes
Sounds against rapids.

Where larks called out
To monks singing the hours,
Not a mouth moves
Except the beaks of jackdaws.

Refectory without food,
Dormitory without bed,
Sanctuary without sacrifice
Or mass said to God.

Seán Ó Coileáin
1754-1816

D'imigh do luamh is do riail
    is do chuallacht ba chian cáidh;
uch! ní fhionnaim anois fád iadh
    ach carannán criata cnámh...

Do bhás-sa féin sona seal;
    fa-raor! do chlaochlaigh mo chló,
táinig tóir an tsaoil im aghaidh,
ní bhfuil feidhm orm ach brón.

D'imigh mo luail is mo lúth,
    radharc mo shúl agus mo threoir;
atáid mo chairde is mo chlannn
    san gcill seo go fann ag dreo.

Atá duairceas ar mo dhriuch,
    atá mo chroí 'na chrotal cró;
dá bhfóireadh orm an bás,
    ba dhearbh m'fháilte fána chomhair.

Without abbot or rule,
Without quiet brothers.
All I find is a pile
Of mouldering bones.

Once I was happy too
But that was long ago.
Life turned on me.
Sorrow is my season.

My energy is sapped,
I am aimless and blind.
My friends and children
Decay in this church.

My face is grim.
My heart is a husk.
If death called now
I'd gladly welcome it."

(Version Seán Dunne)

MÁIRE BHUÍ NÍ LAOIRE
1777-?1849

CATH CHÉIM AN FHIA

Cois abhann Ghleanna an Chéama
   in Uíbh Laoire 's ea bhímse,
  mar a dtéann an fia san oíche
    chun síorchodladh sóil,
ag macnamh seal liom féinig,
   ag déanamh mo smaointe,
   ag éisteacht i gcoilltibh
    le binnghuth na n-eon;
nuair a chuala an cath ag teacht aniar,
glór na n-each ag teacht le sians,
le fuaim an airm gur chrith an sliabh
    's níor bhinn liom a nglór,
gur thángadar go námhadmhar
   mar a thiocfadh garda de chonaibh nimhe,
's mo chumha-sa na sáirfhir
    do fágadh gan treoir.

Níor fhan bean ná páiste
   i mbun áitribh ná tí acu,
  ach do gártha do bhí acu
    'gus mílte olagón,
ag féachaint ar an ngarda
   ag teacht láidir 'na dtimpeall
   ag lámhach is ag líonadh
    's ag scaoileadh 'na dtreo.
an liú gur lean i bhfad i gcian—
's é dúirt gach flaith 'nar mhaith leis triall
'gluaisídh mear, tá an cath á riar
    agus téimís 'na chomhair;

THE BATTLE OF CÉIM AN FHIA

By the river of Gleann an Chéama
 In Uí Laoire I wander
 Where the deer goes at night
 To his lair in the glen,
One day all alone
 Thinking my own thoughts
 Listening in deep woods
 To sweet-voiced birds
I heard an army coming near
And tread of horse with clanging noise—
The mountain shuddered at the sound
 So hateful to hear;
With menace towards us then they came
 Like packs of hounds from hell;
And now I mourn the brave men
 Laid low that day.

No woman, no child stayed
 In house or home
 But raised the cry and wailed
 Ochone, ochone,
Seeing the yeos surround our men
 Load their guns and shoot
 Right into their midst.
 The battle cry lasting long
Encouraged each chief to say:
"Hurry, hurry, the fight is on,
Let's go and join the fray."
 Then came those men so brave

do thángadar na sáirfhir
    i gcoim áthais le Clanna Gaoidheal
's do chomáineadar na páintigh
      le fánaidh ar seol.

Is gairid dúinn go dtáinig
    lámh láidir 'ár dtimpeall
    do sheol amach 'ár ndaoine
      go fíormhoch faoin gceo,
an Barrach 'na bhumbáille,
    Barnet agus Beecher,
    Hedges agus Faoitigh
      's na mílte eile leo;
Rí na bhfeart go leagaidh iad
gan chlú gan mheas gan rath gan sian
i dtinte ceap i measc na ndiabhal
      gan faoiseamh go deo;
céad moladh mór le hÍosa
    nár dhíolamar as an dtóir
ach bheith ag déanamh grinn de
      's á insint ar só.

Do bhí Smith ar a tharr i airde
    ar ardleacain fhraoigh dhuibh—
    ba ghreanna a bhí a ghnaoi 'gus
      gan taointe ar a thóin;
nár bheire crích is fearr iad,
    an t-ál so Chalvin choíthigh
    nár ghéíll riamh do Chríost, ach
      do phoimp is do phóit;
is acu 'tá an tslat, is olc í a riail,

Joyously to battle for the Gael
And sent that pampered pack
        Fleeing downhill all the way.

But very soon there came
        A mighty force all round us
        That drove our people
                Scattering into the mist;
Then there came: Barrach the bum-bailiff
        Barnet and Beecher
        Hedges and White
                And many more;
O King of Miracles drive them down
(Deprived of fortune, fame, renown)
Into hellfire with demons
        In eternal unrest;
May Jesus be praised a hundredfold
        That we got free from that rout
And lived to relate the tale
        For our delight.

Smith was lying backside up
        On a dark hillside heath,
        Disgustig to see
                Without a stitch on his rump;
May none come to a better end
        That bastard breed of foreign Calvin
        Who yielded not to Christ
                But to pomp and dissipation;
They have the rod, their rule is evil,
They have fine coaches, well accoutred

i gcóistibh greanta is maith é a ngléas;
gach sord bídh le caitheamh, fleadh 'gus féast'
    ag béaraibh ar bord;
gurb é deir gach údar cruinn liom,
    sar a gcríochnaíthear deireadh an fhómhair
insa leabhar so Phastoríní
      go ndíolfaid as sin fós.

'S an bhliain seo anois atá againn
    beidh rás ar gach smiste—
    leagfam insa díg iad,
      draoib orthu 'gus fóid;
ní iarrfam cúirt ná stáitse,
    beidh ardchroch 'na suí 'gainn
     's an chnáib go slachtmhar sníte
      le díoltas 'na gcomhair;
beidh na sluaite fear ag teacht gan chiach,
sa long go mear i bhfad ag triall,
's na Francaigh theas nár mheathlaigh riamh
      i bhfaobhar agus i gcóir;
beidh cathracha á stríocadh
    'gus tinteacha á lasadh leo—
tá an cairde fada díolta
      's an líonrith 'na gcomhair.

'S a Chlanna Gael na n-árann,
    ná stánaidh 's ná stríocaidh,
    's gur gearr anois gan mhoill
      go mbeidh crích ar bhúr ngnó;
tógaidh suas bhúr gcoráiste,
    tá an t-ál so le díbirt

And there's every kind of food and feasting
    For boorish bears at board!
Now every good authority tells me
    As in this book of Pastorini's
That before this autumn's over
    They'll pay for all tenfold.

And in this present year of grace
    Every hulk must run a race
    We'll pitch them down into the ditch
    And batter them with sods and filth;
We'll dispense with court and dock
    And erect a gallows high
    With rope that's woven for the job
    To reap our sweet revenge.
Thousands will come light-hearted
In the ship so long arriving
And the French who never failed
    Will come well-weaponed and arrayed;
Cities will be laid low and set alight
    With flames flying high.
The day of reckoning has long gone by
    And terror now awaits.

And dear children of the Gael
    Don't flinch, don't fail,
    Your work is nearly done,
    Your time's about to come;
Take your courage in your hands
    And drive this heathen band
    Down to hell for roasting

go hifreann, á dtíoradh
          'dir thinteachaibh teo;
bíodh bhúr bpící fada glana i ngléas,
téidh 'on chath, ná fanaidh siar—
tá an chabhair ag teacht le toil ó Dhia
          'gus léirídh na póirc;
suídh síos go dána
          in áitreabh a dtáinig romhaibh—
is mithid díbh é a fháil
          's tá an cairde maith go leor.

Stadfad feasta 'em dhántaibh—
          táim láimh leis an gcríonnacht,
          's an iomad den droch-chroí agam
          do bhuín na mbolg mór;
ní gean dom a thuilleadh a rá leo,
          nára fearrde don mbuín é
          ach ár agus sceimhle
          go dtídh ar a gcóir
nára díon dóibh stad ar sheal dá ngléas,
nára díon dóibh carraig, cnoc ná sliabh,
mar a mbíodh an seannach mear a fhiach
          's an géim acu ar seol;
beidh gach sáirfhear croíúil
          's a phíce 's a shleagh 'na dhóid
gan súil le sásamh choíche
          ná díol as go deo.

In everlasting fire;
Have your long bright pikes in order,
Hurry to battle, don't draw back,
Help is coming, God so wills it,
        Now go smite those swine,
Then boldly take your place
        In your ancestral home;
It's yours by right—
        Too long you've been excluded.

I'll give up making poems—
        I'm getting far too old
        And I've got too much ill-will
        For the bloated belly breed;
I'll say no more about them
        May nothing good atttend them
        May havoc and terror seize them
        To the end of their day;
May they get no chance to recover,
May no rock, hill, mountain shelter them,
May they endure the life of hunted fox
        And frightened fleeing game;
Every eager brave man
        With pike and lance to hand
Will hope for lasting victory
        Or pay the price for ever.

                (Version Seán Mac Mathghamhna)

Antaine Ó Reachtabhra
1784-1835

AS CILL AODÁIN

Nuair a thiocfas an t-earrach beidh an lá ag dul 'un síneadh
   's tar éis na Féile Bríde 's ea thógfad mo sheol,
's ó chuir mé 'mo cheann é ní chónóidh mé choíche
   go seasa mé thíos i lár chontae Mhaigh Eo;
i gClár Chlainne Muiris a bheas mé an chéad oíche
   's i mBalla, taobh thíos de, 's ea thosós mé ag ól,
go Coillte Mach rachad go ndéanad cuairt mhíosa ann,
i bhfoisceacht dhá mhíle do Bhéal an Átha Móir.

Fágaim le huachta go n-éiríonn mo chroí-se
   mar ardaíos an ghaoth nó mar scaipeas an ceo
nuair a smaoiním ar Chearra nó ar Bhalla taobh thíos de,
   ar Sceach an dá Mhíle 's ar phlánaí Mhaigh Eo,
nó ar Chill Aodáin, an baile a bhfásann gach ní ann;
   bíonn sméara 's sú craobh ann is meas ar gach sórt;
's dá mbeinnse 'mo sheasamh i gceartlár mo dhaoine
   d'éireodh an aois dhíom is bheinn arís óg.

COUNTY MAYO

With the coming of the spring, now the days will give a fling
And after Bridget's feast-day aloft my sail I'll throw;
Oh put it in my head and I'll not tarry for a thing
Until I've set my feet down in the middle of Mayo.
In Claremorris gay and bright I will linger for a night
And in Balla just behind it the drinks will start to pour,
To Kiltimeigh I'll go where a month will set me right,
And that is but a mile or two from happy Bal'namore.

Upon my soul I swear that my heart begins to rear
Like the tossing of the storm-clouds or the whirling of the gale
When I fix my thoughts on Carra or on Gaileang that's so near,
On Sceathach an Dá Mhíle or on Mayo's lovely vale.
Ah Killeden is the only place where everything will grow,
It has raspberries and strawberries and bowls of shining fruit,
And were I only there now with all the friends I know,
The years would fall away from me and I'd regain my youth.

(Version David Marcus)

Antaine Ó Reachtabhra
1784-1835

AS MÁIRE NÍ EIDHIN

'S ag triall chun aifrinn dom le toil na ngrása,
    bhí an lá ag báistigh 'gus d'ardaigh an ghaoth
casadh an bhruinneall dhom le hais Chill Tártan
    agus thit mé láithreach i ngrá le mnaoi;
d'umhlaíos síos di go múinte mánla
    's do réir a cálach do fhreagair sí;
's dúirt an ainnir liom. "Beidh m'intinn sásta
    agus gluais go lá liom go Baile Uí Lí."

Níor mheas mé an tairiscint a ligean ar cairde,
    b'ait liom trácht air's do gheit mo chroí;
ní raibh le dhul againn ach trasna páirce
    agus thug an lá sinn go tóin an tí;
do shocraigh solas chugham, gloine's cárta
    agus cúilín fáinneach lem ais 'na suí;
's é dúirt sí, "A Raifteirí, bí ag ól is céad fáilte,
    tá soiléar láidir i mBaile Uí Lí."

Dá siúlfá Sasana's an Fhrainc le chéile,
    an Spáinn, an Ghréig is ar d'ais arís,
ó bhruach Loch Gréine go béal Loch Éirne
    's ní fheicfeá féirín ar bith mar í;
a grua trí lasadh 's a mailí caola,
    a haghaidh dá réir sin 's a béal deas faoi,
scoth ban Éireann, 's ar ucht an scéil sin
    thug mé an sway dhuit i mBaile Uí Lí.

from Mary Hynes

Going to mass by the heavenly mercy,
    The day was rainy, the wind was wild;
I met a lady beside Kiltartan
    And fell in love with the lovely child;
My conversation was free and easy,
    And graciously she answered me
"Raftery dear, 'tis yourself that's welcome,
    So step beside me to Ballylee."

This invitation there was no denying,
    I laughed with joy and my poor heart beat;
We had but to walk across a meadow,
    And in her dwelling I took my seat.
There was laid table with a jug and glasses,
    And that sweet maiden sat down by me—
"Raftery drink and don't spare the liquor;
    There's a lengthy cellar in Ballylee."

If I should travel France and England,
    And Spain and Greece and return once more
To study Ireland to the northern ocean,
    I would find no morsel the like of her.
If I was married to that youthful beauty
    I'd follow her through the open sea,
And wander coasts and winding roads
    With the shining pearl of Ballylee.

Antaine Ó Reachtabhra
1784-1835

De mhullach sléibhe nach aoibinn aerach
    an ní bheith ag féachaint ar Bhaile Uí Lí,
ag siúl trí choillte ag baint cnó 'gus sméara,
    's gur geall glór éan ann le ceolta sí?
cén bhrí an méid sin go bhfaighfeá léargas
    ar bhláth na gcraobh 'tá lena thaoibh?
's níl gar dhá shéanadh níos faide ar aon neach,
    a spéir na gréine, 's tú grá mo chroí.

A réalt an tsolais 'sa a ghrian an fhómhair,
    a chúilín ómra 's a chuid den tsaol,
siúil in uaigneas liom do ndéanam comhairle
    fá choinne an Domhnaigh cá mbeam 'nár suí;
níor mhór liom ceol duit gach aon tráthnóna,
    punch ar bord is dá n-ólfá, fíon;
ach Rí na glóire go dtriomaí an bóthar
    go bhfaighe mé an t-eolas go Baile Uí Lí.

'Tis fine and bright on the mountainside,
    Looking down on Ballylee,
You can walk the woods, picking nuts and berries,
    And hear the birds sing merrily;
But where's the good if you got no tidings
    Of the flowering branch that resides below—
O summer sky, there's no denying
    It is for you that I ramble so.

My star of beauty, my sun of autumn,
    My golden hair, O my share of life!
Will you come with me this coming Sunday
    And tell the priest you will be my wife?
I'd not grudge you music, nor a feast at evening,
    Nor punch nor wine, if you'd have it be,
And King of Glory, dry up the roadway
    Till I find my posy at Ballylee!

(Version Frank O'Connor)

Antaine Ó Reachtabhra
1784-1835

Eanach Dhúin

Má fhaighimse sláinte beidh caint is tráchtadh
ar an méid a báthadh as Eanach Dhúin,
's mo thrua amárach gach athair is máthair,
bean is páiste 'tá ag sileadh súl.
A Rí na ngrása cheap Neamh is Parthas,
nár bheag an tábhacht dúinn beirt nó triúr,
ach lá chomh breá leis gan gaoth ná báisteach,
lán an bháid acu a scuabadh ar siúl.

Nár mhór an t-ionadh os comhair na ndaoine
a bhfeiceáil sínte ar chúl a gcinn,
screadadh 'gus caoineadh a scanródh daoine,
gruaig á cíoradh 's an chreach á roinn;
bhí buachailí óga ann teacht an fhómhair
á síneadh ar chróchar, 's á dtabhairt go cill—
's gurb é gléas a bpósta bheith gléasta i gcónra
's a Rí na glóire nár mhór an feall.

Ansúd Dé hAoine chluinfeá an caoineadh
ag teacht gach taobh agus greadadh bos,
's a lán thar oíche trom tuirseach cloíte
gan ceo le déanamh acu ach ag síneadh corp.
a Dhia is a Chríost a fhulaing íobairt,
a cheannaigh go fírinneach an bocht 's an nocht
go Parthas naofa go dtugais saor leat
gach créatúir díobh dar thit faoin lot.

ANNAGHDOWN

If my health is spared I'll be long relating
Of that boat that sailed out of Anach Cuain
And the keening after of mother and father
And child by the harbour, the mournful croon!
O King of Graces, who died to save us,
'Twere a small affair for but one or two,
But a boat-load bravely in calm day sailing
Without storm or rain to be swept to doom.

What wild despair was on all the faces
To see them there in the light of day,
In every place there was lamentation
And tearing of hair as the wreck was shared;
And boys there lying when crops were ripening,
From the strength of life they were borne to clay;
In their wedding clothes for their wake they robed them
O King of Glory, man's hope is vain.

And then on Friday you'd hear them crying
On every side as their hands they wrung,
And morning found them unnerved and powerless
When the laying out of each corpse was done.
O Jesus Christ, by the Cross You died on,
To offer Your life for the poor and the slave,
Bring them safely home to the light of glory,
Oh! rest the souls of the drowned that day!

Antaine Ó Reachtabhra
1784-1835

Milleán géar ar an ionad céanna—
nár lasa réalt ann 'snár éirí grian—
do bháigh an méid úd a thriall in éineacht
go Gaillimh ar aonach go moch Déardaoin:
na fir a ghléasfadh cliath 'gus céachta,
threabhfadh bréanra 'gus chraithfeadh síol
's na mná dá réir sin a dhéanfadh gach aon rud,
a shníomhfadh bréid agus anairt chaol.

Baile Chláir a bhí in aice láimhe
níor lig an t-ádh dhóibh a dhul aníos,
bhí an bás chomh láidir nach dtug sé cairde
d'aon mhac máthar dár rugadh riamh.
Mura scéal a ceapadh dhóibh an lá seo a mbáite,
a Rí na ngrása nár bhocht an ní!
Ach a gcailleadh uile gan loch ná sáile
le seanbhád gránna 's iad láimh le tír.

A Rí na nGrása a chruthaigh Neamh 's Párthas
's a Dhia, cé an cás dúinn beirt nó triúr
ach an lá chomh breá sin gan ghaoth ná báisteach
agus lán an bháid acu ag dul go tóin.
Bhris an bád orthu agus báitheadh na daoine
scaip na caoire anonn sa tsnámh
's a Dhia, nách ansin bhí an t-ár mór déanta
ar aon fhear déag is ochtar mná.

Misfortune light on the spot they died in,
May no star shine there or dawning ray,
It drowned such numbers who made the journey
That fatal Thursday to Galway fair;
Men who could manage the plough and harrow,
And break the fallow and scatter seed,
And women whose fingers were deft and nimble
To spin fine linen and frieze to weave.

On the shore beside Ballyclare was lying,
But fate was unkind when they made for port;
Strong Death was sudden, no pity stirred him,
No mother's son could escape his stroke.
If their drowning day wasn't fixed and fated,
O King of Graces, their lot was hard,
Not on lake nor ocean, yet weak and hopeless,
In a wretched boat, and in sight of land.

O King of Graces, who died to save us,
'Twere a small affair for but one or two,
 But a boatload bravely in calm day sailing,
Without storm or rain to be swept to doom!
The boat sprang a leak and let all the people
And frightened sheep out adrift on the tide;
It beats all telling what fate befell them,
Eleven strong women and eight men to die!

Antaine Ó Reachtabhra
1784-1835

Bhí aithre is máithre ann, mná agus páistí,
ag gol 's ag gárthaíl 's ag sileadh deor,
's mná dá réir sin a dhéanfadh aon rud
a shníomhadh bréidín is anairt chaol.
A Thomáis Uí Chathail, ba mhór an scéal thú
do threabhfá brannra, do chuirfeá síol
's a liachta buachaill do chraithfeadh lámh leat,
mo léan 's tú báite in Eanach Dhúin.

A Shéain Mhic Choscair, ba mhór an scéal thú
gur sheas tú riamh i loing nó i mbád
's a liachtaí coiscéim lúfar shiúil tú
ó Londain anall go dtí Béal Trá.
An uair a shíl tú snámh a dhéanamh,
rug na mná óga ort abhus is thall,
's gur shíl do mháithrín dá mbáifí céad fear
go dtiocfá féin abhaile slán.

Bhí Máire Nic Ruadháin ann, buinneán gléigeal,
an cailín spéiriúil bhí againn san áit;
ghléas sí í féin go moch Dé Céadaoin
le dul chun aonaigh ó Chnoc Dealáin,
bhí cóta uirthi de thogha an éadaigh
cáipín *lace* 's ribíní bán',
agus d'fhág sí a máithrín brónach cráite
ag sileadh deor arís go bráth.

What calling and crying of mother and child then,
Of husband and wife, what despair and tears,
And women whose fingers were deft and nimble
To spin fine linen, and frieze to weave.
Ah! 'tis you were matter for grief, Tom Cahill,
You'd plough the fallow, o'er furrows you'd stoop,
And men around took your hand shake proudly,
 My grief, and you drowned now in Anach Cuain.

We mourn your loss, too, brave Seán Ó Cosgair,
You towered aloft in the ship or the boat,
And a long, long journey you came amongst us,
Across from London to Béaltrá's shore.
When you tried to win to the shore by swimming,
You were held by women, your strength they broke;
But your mother was proud, and she'd say about you,
Though a hundred were drowned, you'd come safely home.

And Mary Ruane, too, the star of maidens,
The sky-bright lady, the light of our lives,
She was long preparing, that morning early,
To go to the fair dressed up like a bride,
In a coat well made with a narrow waist-band,
A cap of lace and streamers of white;
But her mother awaited her footstep vainly,
And never a day comes to dry her eyes.

Antaine Ó Reachtabhra
1784-1835

Loscadh sléibhe agus scalladh cléibhe
ar an áit ar éagadar is milleán crua,
mar 's iomaí créatúir a d'fhág sé ag géarghol
ag sileadh 's ag éagaoin gach maidin Luain.
Ní díobháil eolais a chuir dá dtreoir iad
ach mí-ádh mór bhí sa gCaisleán Nua;
's é críochnú an amhráin gur báthadh mórán,
d'fhág ábhar dólais ag Eanach Dhúin.

May burning mountains come tumbling down on
That place of drowning, may curses fall,
For many's the soul it has filled with mourning
And left without hope of a bright day's dawn.
The cause of their fate was no fault of sailing,
'Twas the boat that failed them, the Caisleán Nuadh
And left me to make with a heart that's breaking
This lamentation for Anach Cuain.

(Version Monsignor Pádraig de Brún)

Antaine Ó Reachtabhra/Seán Ó Ceallaigh

Mise Raifteirí

Mise Raifteirí an file, lán dóchais is grá
le súile gan solas, ciúineas gan crá,
ag dul siar ar m'aistear le solas mo chroí,
fann agus tuirseach go deireadh mo shlí;
tá mé anois lem aghaidh ar Bhalla
ag seinm cheoil do phócaí falamh'.

I Am Raftery

I am Raftery, the poet,
Whose love's full of trust—
Whose eyes have no sight
And whose silence no lust.

Going back on my road
By the light of my heart
Weary and tired
From finish to start.

With my back to the wall
Look at me here—
Playing to pockets
Empty and bare.

(Version David Marcus)

An gleann inar tógadh mé

Ó áit go háit ba bhreá mo shiúl
'S dob ard mo léim ar bharr an tsléibh',
San uisce fíor ba mhór mo dhúil,
'S ba bheo mo chroí i lár mo chléibh;
Mar chois an ghiorria do bhí mo chos,
mar iarann gach alt is féith,
Bhí an sonas romham thall 's abhus,
Sa ghleann inar tógadh mé.

Ba chuma liomsa fear ar bith,
ba chuma liom an domhan iomlán,
Mar rith an fhia do bhí mo rith,
Mar shruth an tsléibh ag dul le fán;
Is ní raibh rud ar bith sa domhan
Nac ndearnas (dá mba mhaith liom é);
Do léim mo bhád ar bharr na habhann
Sa ghleann inar tógadh mé...

Ní hamhlaidh tá sé liom anois!
Do bhí mé luath, is tá mé mall;
Is é, mó léan, an aois do bhris
Sean-neart mo chroí is lúth mo bhall;
Do chaill mé mórán 's fuair mé fios
Ar mhórán—och! ní sásamh é—
Mo léan, mo léan gan mise arís
Óg sa ghleann inar tógadh mé.

THE GLEN WHERE I WAS YOUNG

From place to place my step was sprightly
Skipping high above the hill,
In ship or boat a-sailing lightly
Large with life my heart would fill.
As swift as the hare, as swift my race;
As iron my limbs were strong;
And joy was before me in every place
In the glen where I was young.

I did not care for any man,
I cared not for the whole wide world.
The deer ran fast—as fast I ran—
As a mountain stream is downward hurled.
Sure, there was not an earthly thing
I would not do, if the wish were strong;
At the crest of the wave my boat I'd fling
In the glen where I was young.

Indeed no more is it thus the way,
I that was quick and now am slow.
Nor can I tell what 'twas did stay
My easy limbs and heart's mad flow.
I did a lot and learned a lot
And would not rest for long,
My grief, my grief, that now I'm not
In the glen where I was young.

(Version David Marcus)

Pádraig Ó hÉigeartaigh
1871-1936

Ochón! a Dhonncha

Ochón! a Dhonncha, mo mhíle cogarach, fén bhfód so sínte;
fód an doichill 'na luí ar do cholainn bhig, mo loma-sceimhle!
Dá mbeadh an codladh so i gCoill na Dromad ort nó in uaigh s
    Iarthar
mo bhrón do bhogfadh, cé gur mhór mo dhochar, is ní bheinn
    id' dhiaidh air.

Is feoite caite 'tá na blátha scaipeadh ar do leaba chaoilse;
ba bhreá iad tamall ach thréig a dtaitneamh, níl snas ná brí iont
'S tá an bláth ba ghile liom dár fhás ar ithir riamh ná a fhásfaidl
    choíche
ag dreo sa talamh, is go deo ní thacfaidh ag cur éirí croí orm.

Och a chumannaigh! nár mhór an scrupall é an t-uisce dod'
    luascadh,
gan neart id'chuisleannaibh ná éinne i ngaire duit a thabharfad
    fuarthan.
Scéal níor tugadh chugham ar bhaol mo linbh ná ar dhéine a
    chruatan—
ó! 's go raghainn go fonnmhar ar dhomhain-lic Ifrinn chun tú a
    fhuascailt.

LAMENT FOR DONNCHA

Donncha, my darling a thousand times over,
    Stretched under this clay
That lies miserably on your tiny frame—
    The fright and shock of it.
If it was Cill na Dromad or a grave
    In the west where you slept
It would soften my sorrow though huge
    My hurt, and I'd hardly moan.

Flowers on your narrow grave wither.
    Their bloom was brief
Until brightness left them
    Without gloss or sheen.
My brightest flower that ever grew
    Or will ever grow anywhere
Is rotten in clay, and will never come
    To lighten my heart now.

My dearest darling, isn't it shameful
    How you swayed in the water,
No power in your pulse and no one there
    To help out at all?
I heard no news of my child's danger
    Or his harsh misfortune—
I'd walk the hobs of hell in a flash
    If that would save you.

PÁDRAIG Ó HÉIGEARTAIGH
1871-1936

Tá an ré go dorcha, ní fhéadaim codladh, do shéan gach só mé.
Garbh doilbh liom an Ghaeilge oscailte—is olc an comhartha é.
Fuath liom sealad i gcomhluadar carad, bíonn a ngreann dom'
    chiapadh.
Ón lá go bhfacasa go tláith ar an ngaineamh thú níor gheal an
    ghrian dom.

Och, mo mhairg! cad a dhéanfad feasta 's a saol dom' shuathadh,
gan do láimhín chailce mar leoithne i gcrannaibh ar mo mhalainn
    ghruama,
do bhéilín meala mar cheol na n-aingeal go binn im'chluasaibh
á rá go cneasta liom: "Mo ghraidhn m'athair bocht, ná bíodh
    buairt ort!"

Ó, mo chaithis é! is beag do cheapas-sa i dráth mo dhóchais
ná beadh an leanbh so 'na laoch mhear chalma i lár na fóirne,
a ghníomhartha gaisce 's a smaointe meanman ar son na Fódla
ach an Té do dhealbhaigh de chré ar an dtalamh sinn, ní mar sin
    d'ordaigh.

The moon darkens. I can't sleep and every
    Ounce of ease has left me.
The honest Gaelic seems miserable and sad—
    A bad sign.
I hate the time I spend with friends,
    Their good humour's a torture.
Since I saw you stretched on the sand
    The sun has never shone.

My sorrow, what am I going to do?
    Life is wearing me down.
Your small pale hand is gone like a gust
    From my cheerless brow.
Your honey mouth, like angel's sweet
    Music in my ears,
Is saying kindly: "My poor father
    Don't be troubled now at all."

My lovely boy, I never thought
    When my days were hopeful
That I'd never see you a daring hero
    In glory's blaze,
Full of brave deeds and gutsy thoughts
    For Ireland's sake.
God, who fashioned us all from clay,
    Has made it otherwise.

(Version Seán Dunne)

PÁDRAIG MAC PIARAIS
1879-1916

MISE ÉIRE

Mise Éire—Sinne mé ná an Chailleach Béarra.
Mór mo ghlóire—Mé do rug Cú Chulainn cróga.
Mór mo náire—Mo chlann féin do dhíol a máthair.
Mise Éire—Uaigní mé ná an Chailleach Béarra.

AS A CHINNÍN ÓIR

A chinnín óir, a choinneall mo thí-se,
Déanfair eolas dá siúlann an tír seo.

Bí ciúin a theach, is a luichiní liatha,
Cónaígí anocht in bhur cuasa iata.

A leona ar an bhfuinneoig, filligí bhur sciatha,
Coscaigí bhur gcrónán, a chuileoga ciara.

A fheadóg is a chrotaigh, thar mo theach ná trialladh,
Ná labhair, a chadhain, ag dul thar an sliabh so.

A dhúile an tsléibhe dhúisíos go hiar-mhoch,
Ná corraígí anocht go geala grian díbh.

I am Ireland

I am Ireland:
I am older than the Old Woman of Beare.

Great my glory:
I that bore Cuchulainn the valiant.

Great my shame:
My own children that sold their mother.

I am Ireland:
I am lonelier than the Old Woman of Beare.

(Version Pádraig Pearse)

from Lullaby of the Woman of the Mountain

O little head of gold! O candle of my house!
Thou wilt guide all who travel this country.

Be quiet, O house! And O little grey mice,
Stay at home tonight in your hidden lairs!

O moths on the window, fold your wings!
Stay at home tonight, O little black chafers!

O plover and O curlew, over my house do not travel!
Speak not, O barnacle-goose, going over the mountain here!

O creatures of the mountain, that wake so early
Stir not tonight till the sun whitens over you.

(Version Thomas MacDonagh)

PÁDRAIG MAC PIARAIS
1879-1916

FORNOCHT DO CHONAC THÚ

Fornocht do chonac thú
    A áille na háille,
Is do dhallas mo shúil
    Ar eagla go stánfainn.

Do chualas do cheol,
    A bhinne na binne,
Is do dhúnas mo chluas
    Ar eagla go gclisfinn.

Do bhlaiseas do bhéal
    A mhilse na milse
Is do chruas mo chroí
    Ar eagla mo mhillte.

Do dhallas mo shúil
    Is mo chluas do dhúnas,
Do chruas mo chroí
    Is mo mhian do mhúchas.

Do thugas mo chúl
    Ar an aisling do chumas,
Is ar an ród so romham
    M'aghaidh do thugas.

Do thugas mo ghnúis
    Ar an ród so romham,
Ar an ngníomh dochím
    Is ar an mbás do gheobhad.

IDEAL

Naked I saw thee,
O beauty of beauty!
And I blinded my eyes
For fear I should flinch.

I heard thy music,
O sweetness of sweetness!
And I shut my ears
For fear I should fail.

I kissed thy lips
O sweetness of sweetness!
And I hardened my heart
For fear of my ruin.

I blinded my eyes
And my ears I shut,
I hardened my heart,
And my love I quenched.

I turned my back
On the dream I had shaped,
And to this road before me
My face I turned.

I set my face
To the road here before me,
To the work that I see,
To the death that I shall meet.

(Version Thomas MacDonagh)

— 163 —

FILÍOCHT NA NDAOINE

POETRY OF THE PEOPLE

AN PÓSADH BRÓNACH

Níl sé ach anuraidh ó phós mé,
  'S is faide liom lá ná bliain;
Níl dúil in aiteas nó i gceol agam,
  Nó aon spórt a' bhfaca mé riamh.

Dé Luain a rinneadh mo chleamhnas—
  Sin bliain is an oíche aréir—
'Gus 's páirt mhór de mo aimhleas
  Droch-chomhairle mo mhuintire féin.

Tá mise pósta gan amhras,
  mo chreach, mo chrá, 's mo léan;
'S dá gcastaí fear amháin sa ghleann liom,
  Bhainfinn de a cheann de léim.

Nuair a théimse chun Aifrinn Dé Domhnaigh
  Agus chím an t-aos óg teacht,
An uair a chím mo stóirín
  Go sileann mo shúile le reacht.

Tá'n ghruaig ag imeacht 'na ceo díom,
  Agus mheathlaigh go mór le seal;
Agus mí ní mhairfidh mé beo anois
Mura bhfagha mé do phóg a chéad searc.

A phlúir na gcailíní óga,
  Is tú mhearaigh is bhreoidh mo chiall;
Is trua nach ar síneadh i gcónair mé
  Sular dhúirt mé na focla ad riamh.

The Unhappy Marriage

It's only twelve months since I married
And each day drags longer than a year;
I have no more desire for pleasure
Or for anything in particular.

On Monday the match was made—
Only a year ago last night—
And the main cause of my trouble
Was my own people's bad advice.

Oh I'm well and truly married—
That's a fate I've lived to regret;
But if I should catch a certain person
I promise you I'll break his neck.

I go into Mass of a Sunday
And all the young folk are there,
Then I catch sight of my love
And I can hardly see her for tears.

My hair is turning grey on me
And my strength is just about done,
If you don't come back to me quickly
I'll not last another month.

Oh my darling, darling loved one
I'd have been far better off dead
And lying there cold in my coffin
Before ever I said what I said.

(Version David Marcus)

Ag Críost an Síol

Ag Críost an Síol, ag Críost an fómhar;
   in iothlainn Dé go dtugtar sinn.

Ag Críost an mhuir, ag Críost an t-iasc;
   i líonta Dé go gcastar sinn.

Ó fhás go haois, ó aois go bás,
   do dhá lámh, a Chríost, anall tharainn.

Ó bhás go críoch nach críoch ach athfhás,
   i bParthas na ngrás go rabhaimíd.

O CHRIST OF THE SEED

O Christ of the seed
O autumn-Christ:
That we may be stored
In the barns of the Lord.

O Christ of the fish
O river-Christ:
In the nets of the Lord
May we find our reward.

From birth to growth
And from growth to death
Thy two hands, O Christ,
From over, beckon.

From birth to the end—
Isn't "end" but re-birth—
Would we were
In the Halls of Grace.

(Version David Marcus)

MO BHRÓN AR AN BHFARRAIGE

Mo bhrón ar an bhfarraige is í atá mór
's í ag gabháil idir mé is mo mhíle stór!
fágadh sa mbaile mé ag déanamh bróin,
gan aon tsúil thar sáile liom choíche ná go deo.

Mo léan nach bhfuil mise is mo mhúirnín bán
i gCúige Laighean nó i gContae an Chláir!
mo bhrón nach bhfuil mise is mo mhíle grá
ar bord loinge at triall ar Mheiriocá!

Leaba luachra a bhí fúm aréir
's chaith mé amach í le teas an lae;
tháinig mo ghrá-sa le mo thaobh,
guala ar ghualainn is béal ar bhéal.

MY GRIEF ON THE SEA

My grief on the sea,
How the waves of it roll!
For they heave between me
And the love of my soul!

Abandoned, forsaken,
To grief and to care,
Will the sea ever waken
Relief from despair?

My grief, and my trouble!
Would he and I were
In the province of Leinster,
Or county of Clare.

Were I and my darling—
Oh, heart-bitter wound!—
On board of the ship
For America bound.

On a green bed of rushes
All last night I lay,
And I flung it abroad
With the heat of the day.

And my love came behind me—
He came from the south;
His breast to my bosom,
His mouth to my mouth.

(Version Douglas Hyde)

Nach aoibhinn do na héiníní

Nach aoibhinn do na héiníní a éiríos go hard
's bhíos ag ceiliúr lena chéile ar aon chraobh amháin,
ní mar sin dom féin is dom chéad míle grá,
is fada óna chéile bhíos ár n-éirí gach lá.

Is báine í ná an lile, is deise í ná an scéimh,
is binne í ná an veidhlín, 's is soilsí ná an ghréin;
is fearr ná sin uile a huaisleacht 's a méin,
's a Dhé atá ina na flaitheasaibh, fuascail dom phéin.

How Happy the Little Birds

How happy the little birds
That rise up on high
And make music together
On a single bough!
Not so with me
And my hundred thousand loves:
Far apart on us
Rises every day.

Whiter she than the lily,
Than beauty more fair,
Sweeter voiced than the violin,
More lightsome than the sun;
Yet beyond all that
Her nobleness, her mind,—
And O God Who art in Heaven,
Relieve my pain!

(Version Pádraig Pearse)

Bean an Fhir Rua

Tá siad á rá gur tú sáilín socair i mbróig
Tá siad á rá gur tú béilín tana na bpóg,
Tá siad á rá, a mhíle grá, go dtug tú dom cúl—
Cé go bhfuil fear le fáil, gur leis an dtáilliúir Bean an fhir Rua.

Do thugas naoi mí i bpríosún ceangailte cruaidh,
Boltaí ar mo chaolaibh agus míle glas as súd suas;
Thabharfainnse síog mar a thabharfadh an eala cois cuain
Le fonn a bheith sínte síos le Bean an Fhir Rua.

Shaoileas-sa, a chéadsearc, go mbeadh aointíos idir mé agus tú,
Agus shaoileas 'na dhéidh sin go mbréagfá mo leanbh ar do
    ghlúin;
Mallacht Rí Néimhe ar an té sin a bhain díom mo chlú,
Sin, agus uile go léir, lucht bréige idir mé agus tú.

The Red-Haired Man Reproaches His Wife Who Has Left Him

They are saying your little heel fits snugly in the shoe,
They are saying your lips are thin, and saying they kiss well
    too;
You might have had many's the man, if what they are
    saying is true,
When you turned your back on your own, but only the
    tailor would do!

I'd have you know, nine months I was tethered in gaol,
Bolts on my ankles and wrists and a thousand locks on the
    chain,
And yet, my flight would be swift as the homeward flight of
    the swan
To spend but a single night with the Wife of the Red-Haired
    Man!

And I thought, "One home we will share, Beloved, for you
    and for me,"
And I thought, " 'Tis you will sit there and coax my babe on
    your knee."
Heaven's King's curse be on him who has taken away my
    good name!
So that lies, in the end of it all separate us in shame.

Tá crann insa ghairdín ar a bhfásann duilliúr is bláth buí,
An uair leagaim mo lámh air is láidir ná briseann mo chroí;
Mo shólás go bás, is é 'fháil ó fhlaitheas anuas,
Aon phóigín amháin is é fháil ó Bhean an fhir Rua.

Ach go dtig lá an tsaoil 'na réabfar cnoic agus cuain,
Tiocfaidh smúit ar an ngréin 's beidh na néalta chomh dubh lei
   an ngual,
Beidh an fharraige tirim is tiocfaidh na brónta 's an trua,
'S beidh an táilliúir ag scréacaigh i ngeall ar Bhean an Fhir Rua.

A green tree grows in the garden, I lay my hand on the bark,
The flowers that it bears are yellow and my heart is taken apart;
It would console me till death like His grace from above that can,
If one small kiss I could get from the Wife of the Red-Haired Man!

There's a day in store for the world when harbour and hill will be
    riven,
When dust will smother the sun and coal-black clouds cover
    Heaven,
And pity and grief there will be in that day when the sea will run
    dry,
And remorse for the Wife of the Red-Haired Man will be shrill in
    the tailor's cry!

(Version Máire Cruise O'Brien)

Róisín Dubh

A Róisín ná bíodh brón ort fár éirigh dhuit—
tá na bráithre ag dul ar sáile is iad ag triall ar muir,
tiocfaidh do phardún ón bPápa is ón Róimh anoir
is ní spáráilfear fíon Spáinneach ar mo Róisín Dubh.

Is fada an réim a lig mé léi ó inné do dtí inniu,
trasna sléibhte go ndeachas léi is mo sheólta ar muir;
An Éirne scoith sí de léim í cé gur mór é a sruth;
is mar cheól téad ar gach taobh di a bhíonn mo Róisín Dubh.

Mhearaigh tú mé, a bhradóg, is nár ba fearrde dhuit,
's go bhfuil m'anam istigh i ngean ort is ní inné ná inniu.
D'fhág tú lag anbhann mé i ngné is i gcruth;
ná feall orm is mé i ngean ort, a Róisín Dubh.

shiúlfainn féin an drúcht leat is fásaigh goirt
mar shúil go bhfaighinn rún uait nó páirt ded thoil;
a chraoibhín chumhra, gheallais damhsa go raibh grá agat dom,
is gurb í plúrscoth na Mumhan í mo Róisín Dubh.

Dá mbeadh seisreach agam threabhfainn in aghaidh na gcnoc
is dhéanfainn soiscéal i lár an aifrinn do mo Róisín Dubh;
bhéarfainn póg don chailín óg a bhéarfadh a hóighe dhom
is dhéanfainn cleas an leasa le mo Róisín Dubh.

Beidh an Éirne 'na tuilte tréana is réabfar cnoic,
beidh an fharraige 'na tonnta dearga is an spéir 'na fuil,
beidh gach gleann sléibhe ar fud Éireann is móinte ar crith,
lá éigin sula n-éagfaidh mo Róisín Dubh.

SMALL BLACK ROSE

Rose, let go of pain, of all that's happened you,
The brothers are coming, travelling by sea,
Comfort will come yet from the Pope in Rome
And we won't spare the Spanish wine for my small black Rose.

A long time we've been together, she and I.
We walked many a mountain, crossed many a sea.
I remember leaping the Erne with the water high,
String music on every side was my small black Rose.

God forgive you, your flighty ways are hard on me,
My fate bound into yours a long time now.
Body and soul you have me drained,
Don't let your man down now, my small black Rose.

I'd walk in the morning grass with you, or the bitter desert
For a small part of your heart, your wilful love;
My perfumed branch, you swore blind you loved me—
Exquisite flower of Munster, my small black Rose.

If I had the means to, I'd plough the mountain's face,
I'd make my Rose the gospel in the Mass,
I'd have a kiss for the girl giving herself to me,
Happy behind a high ditch with my small black Rose.

The Erne will thunder in flood, the mountains roar,
Salt red the waves will climb, the sky will fill with blood
And every glen in the mountains, every meadow will tremble
Before you'll die on me, my small black Rose.

(Version Theo Dorgan)

Contae Mhaigh Eo

Ar an long seo, Pheaid Uí Loingse, a bhímse ag déanamh bró
ag osnaíl gach aon oíche is go síoraí ag sileadh deor;
   's mé bheith i bhfad óm mhuintir,
   mura mbeadh gur dalladh m'intleacht,
dar maireann is maith a chaoinfinnse Contae Mhaigh Eo.

An uair a mhair mo chairde ba bhreá mo chuid óir
d'ólainn leann Spáinneach i gcomhluadar ban óg;
   mura mbeadh síor-ól na gcárta
   is an dlí seo a bheith róláidir
i Santa Cruz ní fhágfainn mo chnámha faoin bhfód.

Tá cailíní na háite seo ag éirí rómhór
Fá chnota 's fá *hair bag* gan trácht ar bhúclaí bróg
   Dá maireadh domhsa an Iaruil
   Dhéanfainn díobh cianach
Muna mbeadh gur thagair Dia dom bheith i gcianta fá bhró

Dá mbeadh Pádraig Lochlainn 'na Iarla ag Iaruil go fóill,
Brian dubh a chliamhain 'na thiarna ar Duach Mór
   Aodh dubh Mac Griada
   'Na choirnéal i gCliara,
Is ansin bhéadh mo thriall-sa go Conndae Mhuigheo.

The County of Mayo

On the deck of Patrick Lynch's boat I sat in woeful plight,
Through my sighing all the weary day and weeping all the night.
Were it not that full of sorrow from my people forth I go,
By the blessed sun, 'tis royally I'd sing thy praise, Mayo.

When I dwelt at home in plenty, and my gold did much abound,
In the company of fair young maids the Spanish ale went round.
'Tis a bitter change from those gay days that now I'm forced to go,
And must leave these bones in Santa Cruz, far from my own Mayo.

They're altered girls in Irrul now; 'tis proud they're grown and high,
With their hair-bags and their top-knots—for I pass their buckles by;
But it's little now I heed their airs, for God will have it so,
That I must depart for foreign lands, and leave my sweet Mayo.

'Tis my grief that Patrick Loughlin is not Earl in Irrul still,
And that Brian Duff no longer rules as Lord upon the Hill;
And that Colonel Hugh MacGrady should be lying dead and low,
And I sailing, sailing swiftly from the county of Mayo.

(Version George Fox)

An Chúilfhionn

Ceo meala lá seaca, ar choilltibh dubha darí,
Agus grá gan cheilt atá agam duit a bhánchnis na ngealchíoch,
Do chom seang, do bhéal tanaí, is do chúilín bhí cas mín,
Agus a chéad-shearc ná tréig mé, is gur mhéadaigh tú ar m'aicíd

Agus cé chífeadh mo ghrá-sa ar cheartlár an aonaigh,
'S gur marbhadh na mílte óganach le rósaibh a héadain.
A grua mar an gcocán, sí ba bhreátha ar domhan sgéimhe.
Agus gur dóigh le gach spriosán gur ag áilleán dó féin í.

An té chífeadh an Chúilfhionn 's í ag siúl ar na bántaibh
Ar maidin lae samhraidh 's an drúcht ar a brógaibh.
'S a liacht óganach súilghlas bhíos ag tnúth lena pósadh,
Ach ní bhfuighe siad mo rúnsa ar an gcuntas is dóigh leo.

A Neilí, a ghrá-sa, an dtiocfá liom faoi shléibh,
Ag ól fíona is bolcáin is bainne an ghabhair ghlé-ghil.
Ceol fada is imirt do thabharfainn le do ré dhuit,
Is cead dul a chodladh i mbrollach mo léine.

The White Goddess

A crisp day with honey mist thick in the oak wood,
My love for your white skin and your bright breast fearless,
Your slender waist, your narrow lips, your honeycoloured hair—
If you betray me, my first love, you'll multiply my pain.

Who has seen my love in the heart of a fair day
Murdering the young men with the roses on her brow,
The hillridge of her cheekbone would melt the world for beauty
And every gurrier thinking she was brightening just for him.

A man might see this vision wandering in broad pastures
On a bright summer morning with the sun on her heels,
Many is the greeneyed youth who hoped to marry her
But my secret love had the measure of their ways.

Nelly my love, will you come to the hills with me,
Drinking wine and whiskey rare, and the milk of the white goat.
I'd play you out long music the range of your life span
And after, when you're weary, let you sleep in my shirt.

(Version Theo Dorgan)

TÁ MÉ I MO SHUÍ

Tá mé i mo shuí ó d'éirigh an ghealach aréir,
Ag cur tine síos gan scíth, is á fadú go géar
Tá bunadh an tí ina luí agus tá mise liom féin
Tá na coiligh ag glaoch is tá an tír ina codladh ach mé.

A sheacht n-anam déag do bhéal, do mhalaí, 's do ghrua,
Do shúil ghorm-ghlé fár thréig mé aiteas is suairc;
Le cumha i do dhéidh ní léir dom an bealach a shiúl,
'S a charaid mo chléibh, tá na sléibhte eadar mé agus tú.

Deiridh lucht léinn gur cloíte an galar an grá;
Char admhaigh mé é go raibh sé i ndiaidh mo chroí istigh a ch
Aicíd róghéar, faraor, nár sheachnaigh mé í,
Is go gcuireann sí arraing is céad go géar trí cheartlár mo chroí

Casadh bean sí dhom thíos ag Lios Bhéal an Átha,
D'fhiafraigh mé di an scaoilfeadh glas ar bith grá;
Is dúirt sí os íseal i mbriathribh soineanta sáimh,
"Nuair a théid sé sa chroí cha scaoiltear as é go brách."

UP ALL NIGHT

Since moonrise last evening I'm here like a fool sitting up,
Feeding the fire and stoking the embers and coals,
The house is asleep and I'm here on my own all the night,
Here's the cock crowing and everyone snoring but me.

All I can see is your mouth, your brow and your cheek,
Your burning blue eye that robbed me of quiet and peace,
Lonely without you I can't find a path for my feet,
Friend of my heart, there are mountains between me and you.

The learned men say that love is a killing disease,
I wouldn't believe them until it had scalded my heart,
The acid is eating away at me here inside,
Stabbing like splinters of lightning tonight in my chest.

I met a wise woman below at the mouth of the ford,
I asked if she knew of a herb that might ease love's pain,
Her voice when she answered was soft, regretful and low,
"When it goes to the heart it will never come out again."

(Version Theo Dorgan)

An Páistín Fionn

Grá le m'anam mo pháistín fionn,
a croí is a haigne ag gáirí liom,
a cíocha geala mar bháth na n-úll
's a píob mar eala lá Márta.
    Is tusa mo rún, mo rún, mo rún,
    's tusa mo rún is mo ghrá geal,
    's tusa mo rún is mo chumann go buan
    's é mo chreach gan tú agam ód mháthair!

Cara mo chroí mo pháistín fionn
a bhfuil a dhá grua ar lasadh mar bhláth na dtom;
tá mise saor ar mo pháistín fionn,
ach amháin gur ólas a sláinte!
    Is tusa mo rún, mo rún, mo rún,
    's tusa mo rún is mo ghrá geal,
    's tusa mo rún is mo chumann go buan
    's é mo chreach gan tú agam ód mháthair!

Dá mbeinnse sa mbaile a mbeadh súgradh 's greann,
idir dhá bhairille bheadh lán de leann,
mo shiúirín im aice is mo lámh faoina ceann,
is súgach a d'ólfainn a sláinte.
    Is tusa mo rún, mo rún, mo rún,
    's tusa mo rún is mo ghrá geal,
    's tusa mo rún is mo chumann go buan
    's é mo chreach gan tú agam ód mháthair!

My Fair Pastheen

Oh, my fair Pastheen is my heart's delight,
Her gay heart laughs in her blue eye bright;
Like the apple-blossom her bosom white,
And her neck like the swan's on a March morn bright.

Chorus
You are my darling,
You are my bright light,
My darling and my sweetheart for ever,
'Tis my sorrow your mother keeps you from me.

Love of my heart, my fair Pastheen!
Her cheeks are red as the rose's sheen,
But my lips have tasted no more, I ween,
Than the glass I drink to the health of my queen!
Chorus

Were I in the town where's mirth and glee,
Or 'twixt two barrels of barley bree,
With my fair Pastheen upon my knee,
'Tis I would drink to her pleasantly!
Chorus

Bhí mé naoi n-oíche i mo luí go bocht
ó bheith sínte faoin dílinn idir dhá thor,
a chumann mo chroí is mé ag smaoineamh ort,
's nach bhfaighinnse le fead ná le glaoch thú.
    Is tusa mo rún, mo rún, mo rún,
    's tusa mo rún is mo ghrá geal,
    's tusa mo rún is mo chumann go buan
    's é mo chreach gan tú agam ód mháthair!

Tréigfead mo charaid 's mo chairde gaoil,
's tréigfead a maireann de mhnáibh an tsaoil,
ach ní thréigfead lem mharthain thú, a ghrá mo chroí.
go síntear i gcómhra faoi gclár mé.
    Is tusa mo rún, mo rún, mo rún,
    's tusa mo rún is mo ghrá geal,
    's tusa mo rún is mo chumann go buan
    's é mo chreach gan tú agam ód mháthair!

Nine nights I lay in longing and pain,
Betwixt two bushes, beneath the rain,
Thinking to see you, love, again;
But whistle and call were all in vain!
Chorus

I'll leave my people, both friend and foe;
From all the girls in the world I'll go;
But from you, sweetheart, oh, never, oh no!
Till I lie in the coffin stretched cold and low!
Chorus

(Version Samuel Ferguson)

Stuairín ma mbachall mbreá réidh

Táid na réalta ina seasamh sa spéir
    an ghrian is an ghealach 'na luí;
tá an fharraige tráite gan braon
    is níl réim ag an eala mar bhíodh.

Tá an chuaichín i mbarra na ngéag
    á shíor-rá gur éalaigh sí uaim,
stuairín na mbachall mbreá réidh
d'fhág Éire faoi atuirse chruaidh.

Trí ní a chím trés an ngrá,
    an peaca, an bás is an phian,
is m'intinn á insint gach lá
    m'aigne gur chráidh sí le ciach.

A mhaighdean do mhill tú mé im lár,
    is m'impí óm láimh ortsa aniar
mo leigheas ó na saigheada seo im lár
    is go bhfaighe tú na grása ó Dhia.

MY GIRL OF THE CURLS FLOWING FREE

The stars stand up in the sky,
The sun and the moon are gone,
The sea has been drained till it's dry
And his sway has forsaken the swan.
The cuckoo on top of the tree
Is repeating my lovely one's flight—
My girl of the curls flowing free,
She has gone—and I cry in my plight!

Three things through love I see:
Pain, and death, and sin;
And in my mind is torturing me
With the sorrow my heart is in.
Oh why did I love her at all
And why did she wander away—
Ah, my girl, you're the cause of my fall,
May the Lord God forgive you some day.

(Version David Marcus)

DÓNALL ÓG

A Dhónaill Óig, má théir thar farraige
tabhair mé féin leat 's ná déan do dhearmad,
beidh agat féirín lá aonaigh agus margaigh
agus iníon Rí Gréige mar chéile leapa aga.

Gheall tú dhomhsa agus rinne tú bréag liom
go mbeifeá romhamsa ag cró na gcaorach;
lig mé fead agus dhá bhlaoi dhéag ort
's ní raibh romham ach na huain agus iad ag méilí.

Siúd é an Domhnach a dtug mé grá dhuit.
a' Domhnach díreach roimh Domhnach Cásca
is tú ar do ghlúine a' léamh na Páise
sea bhí mo dhá shúil a' síor-thabhairt grá dhuit.

Nuair a théimse féin go Tobar Phádraig
a' tabhairt an turais ar son mo ghrá geal,
níl mo shúil leat inniu nó amárach,
'gus a mhúirnín dílis, mo chúig céad slán leat.

Nuair a théimse féin go Tobar Bhríde
suím síos ann a' ligean scíthe,
sileann mo shúile ar nós an díleann,
tá mo cheann dubh bán le mo dhubh-smaointe.

Nuair a théim isteach go Teach a' tSuaircis
suím síos ann a' déanamh buartha
nuair fheicim a' saol 's ní fheicim an buachaill
go raibh scáil an ómair i mbarr a ghruanna.

Dónall Óg

O Dónall Óg, if over the sea you go
Take me with you and do not forsake me.
You shall have a gift every fair and market day
And the daughter of the King of Greece for wife.

You promised but told me a lie
That you would meet me at the sheep-shed.
I whistled and called again and again—
No answer only lambs sadly bleating.

That was the Sunday I gave my heart to you,
The Sunday before Easter Sunday,
You on your knees reading the Passion
And my two eyes love-consuming you.

When I visit Patrick's holy well
Doing the Pattern for my fair love's sake
I no longer expect you today or tomorrow
And O my darling, farewell wherever you are.

When I go to visit Brigid's well
And sit down to rest a while,
My eyes well up and flood with tears;
Dark thoughts make grey my dark head.

When I visit the house of merriment
I sit there weighed down with sorrow;
I see every one but my own one
Whose amber locks haloed his brow.

A ghile na finne 's a ghile na ruaichte
a ghile an domhain 's tú d'fhág mé buartha,
nuair a chloisim trácht ar na mná dá lua leat
titeann an bun díom agus barr na gruaige.

Tá mo chroíse chomh dubh le háirne
nó le gual dubh a dhóifí i gceárta,
nó le bonn bróige ar hallaí bána,
'gus tá lionndubh mór ós cionn mo gháire

Bhain tú thoir agus bhain tú thiar dhíom,
bhain tú a raibh romham is i mo dhiaidh dhíom,
bhain tú an ghealach is bhain tú an ghrian dhíom,
ach is rí-mhór m'fhaitíos gur bhain tú Dia dhíom.

O fairest of the fair, O reddest of the red haired,
Brightest star of all the world, you left me in sorrow;
When I hear other women named with your name
My hair falls out right to the very root.

My heart is as black as the sloe,
Or black coal in a smith's forge,
Or black shoes on lime-white halls
And a black cloud of sorrow hangs over my laughter.

You've taken East from me, you've taken West from me.
You've taken the future from me, you've taken the past from me,
You've taken the Moon from me, you've taken the Sun from me
And great is my fear you've taken God from me.

(Version Seán Mac Mathghamhna)

An cuimhin leat an oíche úd

An cuimhin leat an oíche úd
 a bhí tusa ag an bhfuinneog,
gan hata gan láimhne
 dod dhíon, gan chasóg?—
do shín mé mo lámh chughat
 's do rug tú uirthi barróg,
is d'fhan mé id chomhluadar
 nó gur labhair an fhuiseog.

An cuimhin leat an oíche úd
 a bhí tusa agus mise
ag bun an chrainn chaorthainn
 's an oíche ag cur cuisne,
do cheann ar mo chíocha
 is do phíob gheal á seinm?—
is beag a shíleas an oíche úd
 go scaoilfeadh ár gcumann.

A chumainn mo chroí istigh,
 tar oíche ghar éigin
nuair luífidh mo mhuintir
 chun cainte le chéile;
beidh mo dhá láimh id thimpeall
 's mé ag insint mo scéil duit—
's gurb é do chomhrá suairc mín tais
 a bhain radharc fhlaithis Dé díom.

Do You Remember That Night?

Do you remember that night
When you were at the window,
With neither hat nor gloves
Nor coat to shelter you?
I reached out my hand to you
And you ardently grasped it;
I remained to converse with you
Until the lark began to sing.

Do you remember that night
That you and I were
At the foot of the rowan tree,
And the night drifting snow?
Your head on my breast,
And your pipe sweetly playing?
Little thought I that night
That our love ties would loosen.

Beloved of my inmost heart
Come some night and soon,
When my people are at rest,
That we may talk together.
My arms shall encircle you
While I relate my sad tale,
That your soft pleasant converse
Hath deprived me of heaven.

Tá an tine gan coigilt
  is an solas gan múchadh,
tá an eochair faoin doras
  is tarraing go ciúin í,
tá mo mháthair 'na codladh
  is mise im dhúiseacht,
tá m'fhortún im dhorn
  is mé ullamh chun siúil leat.

The fire is unraked,
The light unextinguished,
The key under the door,
Do you softly draw it.
My mother is asleep,
But I am wide awake;
My fortune in my hand,
I am ready to go with you.

(Version Eugene O'Curry)

CAISEAL MUMHAN

Phósfainn thú gan bha gan phunt gan áireamh spré,
agus phógfainn thú maidin drúchta le bánú an lae.
'S é mo ghalar dúch gan mé is tú, a dhianghrá mo chléibh,
i gCaiseal Mumhan is gan de leaba fúinn ach clár bog déil.

Siúil, a chogair, is tar a chodladh liom féin sa ghleann;
gheobhaidh tú foscadh, leaba fhlocais is aeir cois abhann:
beidh na srotha ag gabháil thorainn faoi ghéaga crann;
beidh an londubh inár bhfochair is an chéirseach dhonn.

Searc mo chléibh a thug mé féin duit is grá trí rún,
's go dtaga sé de chor sa tsaol dom bheith lá 'gus tú
is ceangal cléire eadrainn araon is an fáinne dlúth;
is dá bhfeicfinn féin mo shearc ag aon fhear gheobhainn bás
    le cumha.

CASHEL OF MUNSTER

I'd wed you without cattle, without money, without dowry
    itself.
And I'd kiss you of a dewy morning at daybreak.
It is my sickness sore that we are not together in Cashel, O love
    of my heart,
Even though a plank of plain bog-deal made our bed.

Come, my darling, come sleep with me here in the glen:
You'll have shelter, a bed of bog-cotton and fresh river air.
The streams will make their music under branches of trees:
The blackbird will keep us company and the brown thrush too.

I've given you the devotion of my heart in secret love
And my wish is for fate to permit that one day we will be
Made one by the clergy and spancelled in love by a ring.
And if any man claimed you, my love, I'd die of the pain.

(Version Sean McMahon & Jo O'Donoghue)

AS Caoineadh Chill Chais

Cad a dhéanfaimíd feasta gan adhmad?
    Tá deireadh na gcoillte ar lár;
níl trácht ar Chill Chais ná ar a teaghlach
    is ní bainfear a cling go bráth.
An áit úd a gcónaíodh an deighbhean
    fuair gradam is meidhir thar mhnáibh
bhíodh iarlaí ag tarraingt thar toinn ann
    is an t-aifreann binn á rá.

Ní chluinim fuaim lachan ná gé ann,
    ná fiolar ag éamh cois cuain,
ná fiú na mbeacha chun saothair
    thabharfadh mil agus céir don tslua.
Níl ceol binn milis na n-éan ann
    le hamharc an lae a dhul uainn,
ná an chuaichín i mbarra na ngéag ann,
    ós í chuirfeadh an saol chun suain.

Tá ceó ag titim ar chraobha ann
    ná glanann le gréin ná lá.
Tá smúid ag titim ón spéir ann
    is a cuid uisce go léir ag trá.
Níl coll, níl cuileann, níl craobh ann
    ach clocha is maolchlocháin
páirc an chomhair gan chraobh ann
    is d'imigh an géim chun fáin.

from Kilcash

What shall we do for timber?
    The last of the woods is down.
Kilcash and the house of its glory
    And the bell of the house are gone,
The spot where that lady waited
    Who shamed all women for grace
When earls came sailing to greet her
    And Mass was said in the place.

No sound of duck or geese there,
    Hawk's cry or eagle's call,
No humming of the bees there
    That brought honey and wax for all,
Nor even the song of the birds there
    When the sun goes down in the west,
No cuckoo on top of the boughs there,
    Singing the world to rest.

There's mist there tumbling from branches,
    Unstirred by night and by day,
And darkness falling from heaven,
    For our fortune has ebbed away,
There's no holly nor hazel nor ash there,
    The pasture's rock and stone,
The crown of the forest has withered,
    And the last of its game is gone.

Aicim ar Mhuire is ar Íosa
    do dtaga sí arís chugainn slán,
go mbeidh rincí fada ag gabháil timpeall,
    ceol veidhlín is tinte cnámh;
go dtógtar an baile seo ár sinsear
    Cill Chais bhreá arís go hard,
is go bráth nó go dtiocfaidh an díle
    ná feictear é arís ar lár.

I beseech of Mary and Jesus
    That the great come home again
With long dances danced in the garden,
    Fiddle music and mirth among men,
That Kilcash the home of our fathers
    Be lifted on high again,
And from that to the deluge of waters
    In bounty and peace remain.

(Version Frank O'Connor)

Donncha Bán

Is ar an mbaile seo chonaic sibh an t-ionadh
ar Donncha Bán is é á dhaoradh;
bhí caipín bán air in áit a hata
is róipín cnáibe air in áit a charabhata.

Tá mé ag teacht ar feadh na hoíche
mar bheadh uainín i measc seilbhe caorach,
mo bhrollach oscailte is mo cheann liom scaoilte,
is cá bhfaighinn mo dheartháirín romham ach sínte.

Chaoin mé an chéad dreas ag gob an locha,
an dara dreas ag bun do chroiche,
an triú dreas os cionn do choirpse
i measc na nGall is mo cheann á scoilteadh.

Dá mbeifeá agamsa san áit ar chóir duit,
thíos i Sligeach nó i mBaile an Róba,
bhrisfí an chroch, ghearrfaí an rópa
is ligfí Donncha Bán abhaile ar an eolas.

A Dhonncha Bháin, níorbh í an chroch ba dhual duit
ach dul chun an sciobóil is d'easair a bhualadh,
an céachta a iompó deiseal is tuathal
's an taobh dearg den fhód a chur in uachtar.

A Dhonncha Bháin, a dheartháirín dhílis,
is maith tá fhios agam céard a bhain díom thú—
ag líonadh an chupáin 's ag deargadh an phíopa
is ag siúl an drúchta i gcoim na hoíche.

THE LAMENT FOR YELLOW-HAIRED DONOUGH

Ye have seen a marvel in this town,
Yellow-haired Donough and he put down;
In place of his hat a little white cap,
In place of his neck-cloth a hempen rope.

I have come all night without my sleep
Like a little lamb in a drove of sheep,
With naked breast and hair awry
Over Yellow-haired Donough to raise my cry.

I wept the first time by the lake shore,
At the foot of your gallows I wept once more;
I wept again with an aching head
Among the English and you stretched dead.

If only I had you among your kin,
The Ballinrobe or the Sligo men,
They would break the gallows and cut you down
And send you safely among your own.

It was not the gallows that was your due
But to go to the barn and thresh the straw,
And guide your plough-team up and down
Till you had painted the green hill brown.

Yellow-haired Donough, I know your case;
I know what brought you to this bad place:
'Twas the drink going round and the pipes alight
And the dew on the fields at the end of night.

A Mhic Uí Mhultháin, a sciúirse an mhí-áidh,
ní lao bó bradaí a bhí i mo dheartháir.
ach buachaillín cruinn deas ar chnoc's ar chnocán
a bhainfeadh fuaim go bog binn as camán.

A Mhic Uí Mhultháin, ná raibh do chlann mhac i bhfocha
    a chéile,
ná do chlann iníon ag iarraidh spré ort!—
tá dhá cheann an bhoird folamh, 's an t-urlár líonta,
is Donncha Bán, mo dheartháirín, sínte.

Tá spré Dhonncha Bháin ag teacht abhaile,
is ní ba, caoirigh, í ná capaill,
ach tobac is píopaí is coinnle geala,
is ní á mhaíomh é ar lucht a gcaite.

Mullane that brought misfortune on,
My little brother was no stroller's son
But a handsome boy who was bold and quick
And could draw sweet sounds from a hurling stick.

Mullane, may a son not share your floor
Nor a daughter ever leave your door;
The table is empty at foot and head
And Yellow-haired Donough is lying dead.

His marriage portion is in the house,
And it is not horses nor sheep nor cows,
But tobacco and pipes and candles lit—
Not grudging any his share of it.

(Version Frank O'Connor)

A ÓGÁNAIGH AN CHÚIL CHEANGAILTE

A ógánaigh an chúil cheangailte
    le raibh mé seal in éineacht,
chuaidh tú aréir an bealach seo
    is ní tháinic tú dom fhéachaint.
Shíl mé nach ndéanfaí dochar duit
    dá dtagthá agus mé d'iarraidh,
is gurb í do phóigín a thabharfadh sólás dom
    dá mbeinn i lár an fhiabhrais.

Dá mbeadh maoin agamsa
    agus airgead 'mo phóca,
dhéanfainn bóithrín aicearrach
    go doras tí mo stóirín,
mar shúil le Dia go gcluinfinnse
torann binn a bhróige,
's is fada ón lá 'nar chodail mé
    ach ag súil le blas a phóige.

Agus shíl mé, a stóirín,
    go mba gealach agus grian thú,
agus shíl mé na dhiaidh sin
    go mba sneachta ar an tsliabh thú,
agus shíl mé ina dhiaidh sin
    go mba lóchrann ó Dhia thú,
nó go mba tú an réalt eolais
    ag dul romham is 'mo dhiaidh thú.

Ringleted Youth of My Love

Ringleted youth of my love,
With thy locks bound loosely behind thee,
You passed by the road above,
But you never came in to find me;
Where were the harm for you
If you came for a little to see me,
Your kiss is a wakening dew
Were I ever so ill or so dreamy.

If I had golden store
I would make a nice little boreen,
To lead straight up to his door,
The door of the house of my storeen;
Hoping to God not to miss
The sound of his footfall in it,
I have waited so long for his kiss
That for days I have slept not a minute.

I thought, O my love! you were so—
As the moon is, or sun on a fountain,
And I thought after that you were snow,
The cold snow on top of the mountain;
And I though after that, you were more
Like God's lamp shining to find me,
Or the bright star of knowledge before,
And the star of knowledge behind me.

Gheall tú síoda is saitin dom
    callaí agus bróga arda
is gheall tú tar a éis sin
    go leanfá tríd an tsnámh mé
Ní mar sin atá mé
    ach 'mo sceach i mbéal bearna
gach nóin agus gach maidin
    ag féachaint tí mo mháthar.

You promised me high-heeled shoes,
And satin and silk, my storeen,
And to follow me, never to lose,
Though the ocean were round us roaring.
Like a bush in a gap or a wall
I am now left lonely without thee,
And this house I grow dead of, is all
That I see around or about me.

(Version Douglas Hyde)

Máirín de Barra

A Mháirín de Barra, do mharaigh tú m'intinn
Is d'fhág tú dubhach dealbh mé i ganfhios dom mhuintir,
I mo luí ar mo leaba dhom is ort bhímse a' cuimhneamh,
Is ar m'éirí dhom ar maidin, mar do chealg tú an croí ionam.

Do thugas 's do thugas 's do thugas óm chroí greann duit,
Ar Domhnach Fhéilé Muire na gCoinneal sa teampall;
Dod shúilín ba ghlaise ná uisce na ngeamhartha,
Is do bhéilín ba bhinne ná an druid nuair a labhrann.

Do shíl mé tú a mhealladh le briathra is le póga,
Do shíl mé tú a mhealladh le leabhra is le móide,
Is do shíl mé thú a mhealladh ar bhreacadh na heornan,
Ach d'fhág tú dubhach dealbh ar theacht don bhliain nódh mé

Is aoibhinn don talamh a siúlann tú féin air
Is aoibhinn don trealamh ar a seineann tú véarsaí,
Is aoibhinn don leaba ina luíonn tú fé éadach,
'S ró-aoibhinn don bhfear a gheobhaidh thú mar chéile.

A Mháirín, glac mo chomhairle, is ná seoltar tú ar t'aimhleas;
Seachain an stróinse, fear séidte na hadhairce.
Gaibh leis an óigfhear a nglaonn siad Ó Floinn air;
Pós é de ghrá réitigh, ós é is toil le do mhuintir.

MÁIRÍN DE BARRA

Oh, Máirín de Barra, you have made my mind feeble,
And you've left me sad and lonely, all unknown to my people;
As I lie on my pillow, it's of you I'm always dreaming,
And when I rise in the morning, my heart is still bleeding.

Oh, Máirín, you swept away my sense without warning,
As you knelt in the chapel on Candlemas morning;
Your eyes were far purer than the dewdrops on the barley,
And your voice was far sweeter than the linnet or starling.

I thought I would win you with kisses and coaxing,
I thought you'd be be conquered by my promises and boasting;
I was sure that I could charm you as the barley turned golden,
But you left me broken-hearted when the harvest was over.

Oh, happy are the pathways where you stray and you saunter,
And happy are the blackbirds with the melodies you've taught
     them;
Oh, happy and thankful are the blankets that warm you,
And how happy for the bridegroom who'll stand beside you at
     the altar.

Oh, Máirín, take my warning, don't let any man cheat you,
Stay away from the tailor and beware of his scheming;
As O'Flynn is my name, I swear I'd never ill-treat you,
Oh, clasp me to your heart, love, you'll have your people's
     agreement.

Do shiúlfainn is do shiúlfainn is do shiúlfainn an saol leat;
Do raghainnse thar sáile gan dhá phingin spré leat,
Mo mhuintir 's mo chairde go brách brách do thréigfinn,
Is go leigheasfá ón mbás mé ach a rá gur leat féin mé.

D'ólfainn agus d'ólfainn agus d'ólfainn do shláinte,
Is dá mbeinn ar bord loinge d'ólfainn ní b'fhearr í;
Dá mbeinnse im bhanaltra do bhréagfainn do bhábán;
Siúd ort is ól deoch is Dé do bheatha id shláinte!

Oh, Máirín, if you'd have me, I would walk the world proudly,
I'd take you over the water with no thought of a dowry;
I'd leave my friends and my own people, I'd have no fear of
    drowning,
For you'd save me from the grave, love, if you placed your arms
    round me.

Now I'll drink to your health, love, I'll drink it late and early,
And if we were on the sea, love, I'd drink deep as we were sailing
If you'd meet me on the quay, love, there's no fear I'd keep you
    waiting,
And, please God, in a year, love, you could be feeding our baby.

(Version Brian O'Rourke)

AISLING GHEAL

Aisling gheal do shlad trím néal mé,
go rabhas-sa tréithlag le seal im luí,
'gus go rabhas i ngleann cois abhann im aonar,
's go rabhas ag aeracht le grá mo chroí;
go raibh na campaí Gall agus Gaelach
agus claimhte géara ag uaisle an tsaoil,
breith mharaitheach is a rá le chéile
go mbeadh lá na naomh anois le fáil gan mhoill.

Ba ghearr a sheal dom gur dhearcas maighre,
'gus gruaig a cinn léi go féar a' fás,
a dlaoithe a' teacht mar na réaltan,
ag titim léise go barr a troighe,
ag scuabadh an drúchta de bharr an fhéir ghlais,
's is lúfar éadrom mar a shiúladh sí,
a dhá chíoch chruinne ar a hucht go néata,
a grua mar na caortha 'gus ba gheal é a píb.

's do bheannaíos-sa dom chuid i nGaelainn,
's is modhúil 's is béasach do fhreagair sí:
"a phlúr na bhfear, mo shlad na déin-se,
Mar is maighdean mé ná táinig d'aois;
Dá dtiocfadh sa ghreann dúinn clann do dhéanamh,
's go mbeifeá séantach insan ghníomh,
gur ghearr ón mbás mé, 's go bhfágfainn Éire,
's im ghóist im aonar bheinn romhat sa tslí."

A Shining Vision

A shining vision in sleep beguiled me
As I lay awhile to revive my cheer:
In a river valley I wandered blithely,
Conversing idly with my Mary dear.
The foreign host and the fearless Irish
Stood in battle lines with sword and spear,
And through the ranks ran the mighty tidings
That the end of time was drawing near.

But soon I saw a lovely maiden,
And her shining hair was a dazzling sight;
Her locks hung down, in the breezes waving,
And fell away to her feet so bright.
She swept the dew from off the meadow,
And her lively step was brisk and light;
Her two round breasts on her bosom rested,
Her cheeks were roses, and her throat was white.

And when I greeted this charming fair one,
In a voice most gracious I heard her cry:
"Oh, gentle sir, I beg you spare me,
For a tender maid of fifteen am I;
And if our pleasure gave me a baby,
And your share of blame you did then deny,
Oh, I'd leave the country if you did shame me,
And my ghost would plague you till the day you die."

"'S go deimhin féin, a óigbhean, dá mb'áil leat mé a phósadh
gurbh é ba dhócha ná beimís bocht,
's gur gearr go dtógfainn teaghlach nua dhuit
a bheadh go ró-dheas idir slinn is cloch;
do sheinnfinn ceolta go minic sa ló dhuit
agus imirt chóir ar gach cluiche i gceart,
'S is fíor go bpógfainn óm chroí mo stóirín,
agus bí ar mo thórramh nó tabhair dom gean."

'S do leagas mo lámh uirthi go béasach
Ó bhun a *stays* go dtí barr a troighe,
'S in aghaidh gach stair go ndeininn a léamh di,
Go bpógainn a béilín tláith arís.
Nuair a fuaireas-sa dhom gur ghéill sí,
Mo chroí do léim mar an éan ar chraoibh;
'S trí lár mo smaointe gur mhúscail néal mé,
'S de chumha 'na déidh siúd ní mhairfead mí.

I said: "My charmer, if you were my partner,
You would not be married to an idle rake;
I'd soon get started and build a farmhouse
As fine and hardy as a man could make.
I'd play the harper in light and darkness,
And the dancing master, all for your sake,
And to my heart I would clasp my darling;
So come to my arms, love, or to my wake."

I laid my hand on this lovely creature,
And drew her sweetly onto my knee;
And with every story I tried to teach her,
Her lips I tasted like a honey bee.
And when I found that my love was yielding,
My heart did leap like a bird on a tree;
But a thunder-clap woke me from dreaming,
And I fear my grief will bring death to me.

(Version Brian O'Rourke)

AN DROIGHNEÁN DONN

Agus fuair mé féirín lá aonaigh ó bhuachaill deas
agus céad póg ina dhiaidh sin ó phlúr na bhfear,
lá léin ar an té adéarfaidh nach tú mo ghean
agus ina dhéidh sin nach deas mar d'éalóinn faoi na coillte leat.

Agus síleann céad fear gur leo fhéin mé nuair a ólaim leann,
is téann a dhá thrian síos díom nuair a smaoiním ar do chomhrá liom,
sneachta séite is é dhá shíorchur ar Shliabh Uí Fhloinn
is go bhfuil mo ghrása mar bhláth na n-áirní ar an Droghneán Donn.

Dá mbeinn i mo bhádóir is deas mar a shnámhfainn an fharraige anonn
is do scríobhfainn cúpla líne ar bharr mo phinn,
faraoir géar gan mé 'gus tú a ghrá mo chroí
i ngleanntán sléibhe le héirí gréine 'san drúcht ina luí.

THE FLOWERING SLOE

A pleasant lad gave me a present on market day
And after that a hundred kisses—it's no lie I say;
Woe betide the one who says you're not my lover;
And I'd court you in the woods as sure as there's a God above.

And a hundred men would have me when they see me drinking al
But I recall your words and shiver and grow pale;
The mountain side is whitening with the cold blown snow—
And my darling is as fair as the flowering sloe!

Were I a boatman I would hurry across the main
And were I a poet I would write down all my pain:
A pity the dawn won't see us lying down side by side
In some secluded dewy glen—and nothing to hide!

(Version Gabriel Rosenstock)

Caoineadh Mhuire

A Pheadair, a aspail, an bhfaca tú mo ghrá geal?
  m'ochón agus m'ochón ó!
chonaic mé ar ball é lár a námhad.
  m'ochón agus m'ochón ó!

Cé hé an fear breá sin ar chrann na Páise?
  m'ochón agus m'ochón ó!
an é nach n-aithníonn tú do Mhac, a Mháthair?
  m'ochón agus m'ochón ó!

An é sin an Maicín d'iompar mé trí ráithe?
  m'ochón agus m'ochón ó!
nó an é sin an Maicín a rugadh sa stábla?
  m'ochón agus m'ochón ó!

Maise éist, a Mháithrín, is ná bí cráite,
  m'ochón agus m'ochón ó!
tá mná mo chaointe le breith fós, a Mháithrín.
  m'ochón agus m'ochón ó!

MARY'S KEEN

Peter, Apostle, have you seen my love so bright?
    M'ochón agus m'ochón ó!
I saw him with his enemies—a harrowing sight!
    M'ochón agus m'ochón ó!

Who is that fine man upon the Passion Tree?
    M'ochón agus m'ochón ó!
It is your Son, dear Mother, know you not me?
    M'ochón agus m'ochón ó!

Is that the wee babe I bore nine months in my womb?
    M'ochón agus m'ochón ó!
That was born in a stable when no house would give us room
    M'ochón agus m'ochón ó!

Mother, be quiet, let not your heart be torn.
    M'ochón agus m'ochón ó!
My keening women, mother, are yet to be born!
    M'ochón agus m'ochón ó!

                          (Version Gabriel Rosenstock)

— 225 —

Bruach na Carraige Báine

Ó is thiar cois abhann gan bhréag gan dabht,
tá an ainnir chiúin tais mhánla;
gur gile a com ná eala ar an dtonn,
ó bhaitheas go bonn a bróige.
sí an stáidbhean í do chráidh mo chroí,
is d'fhág sí m'intinn brónach,
is leigheas le fáil níl againn go bráth
ó dhiúltaigh mo ghrá-gheal domhsa.

Do b'fhearr liom féin ná Éire mhór,
is ná saibhreas rí óg na Spáinne,
go mbeinnse 'gus tusa a lúib na finne,
i gcoilltibh i bhfad ónár gcáirdibh.
ó tusa 'gus mise bheith pósta a ghrá
le haontoil athar is máthar,
a mhaighdean óg is milse póg
ós tú grian na Carraige Báine.

A stuaire an chinn chailce, má's dual go mbeir agam,
beidh cóir ort do thaithneoidh led cháirde;
idir síoda 's hata ó bhonn go baitheas,
's gach ní ins an gcathair dá áilleacht.
Beidh do bhólacht á gcasadh gach nóin chun an baile
is seol binn ag beachaibh ar bhánta
beidh ór ar do ghlaca is cóiste ad tharraingt
go bruach na Carraige Báine.

THE BRINK OF THE WHITE ROCK

Beside the river there dwells a maid,
  Of maidens she's the fairest,
Her white neck throws the swan in shade,
  Her form and face the rarest.
O she's the maid who my love betrayed,
  And left my soul all shaken;
O there's no cure, while life endure,
  Since my love has me forsaken.

I'd rather far, than Erin's shore,
  Or the Spaniard's golden treasure,
Were you and I in the green woods nigh
  To walk there at our leisure.
Or were we wed, dear love instead,
  our parents both consenting;
Sweet maid, your kiss would make my bliss,
  If you're to me relenting.

Oh! if you'd freely come with me,
  In fashion brave I'd dress thee,
In satin fine your form would shine,
  And finest silk caress thee.
Your kine will come each evening home,
  Your bees hum in the clover,
Your coach in golden pride shall roll,
  When we drive to the white rock over!
  (Version Margaret Hannagan & Seamus Clandillon)

SEÁN Ó DUIBHIR AN GHLEANNA

Ar m'éirí dom ar maidin
grian an tsamhraidh ag taitneamh,
chuala an uaill á casadh
    'gus ceol binn na n-éan,
broic is míolta gearra,
creabhair na ngoba fada,
fuaim ag an mac alla,
    'gus lámhach gunnaí tréan,
an sionnach rua ar an gcarraig,
míle liú ag marcaigh,
is bean go dubhach sa mbealach
    ag áireamh a cuid gé.
Anois tá an choill á gearradh,
triallfaimíd tar caladh,
's a Sheáin Uí Dhuibhir an Ghleanna
    tá tú gan *game*.

Is é sin m'uaigneas fada,
scáth mo chluas á ghearradh,
an ghaoth aduaidh 'om leathadh
    'gus bás ins an spéir,
mo ghadhairín suairc á cheangail,
gan cead lúith ná aistíocht',
do bhainfeadh gruaim den leanbh
    i meán ghile an lae,

Seán O'Dwyer of the Glen

Rising one morning early,
Summer sun was shining,
Hunting cry was rising,
    Birds were sweetly singing,
Badger and hare went scurrying,
The long-beaked woodcock too,
And long guns loudly shooting,
    Echoed down the valley;
The red fox on the rock
Heard many a cry from huntsmen
And a woman by the wayside wailing
    Counting her missing geese.
Now that the wood's coming down,
We'll go across the ocean,
And Seán O'Dwyer of the Glen
    You're now bereft of game.

'Tis my bitter desolation:
Shade and shelter toppling down,
The north wind cruelly flailing
    And death in the air;
My lively hound tied up,
Cannot race, sport or play
To keep my child amused
    In the bright light of day.

croí na huaisle ar an gcarraig,
go ceáfrach buacach beannach,
a thiocfadh suas ar aiteann
    go lá deireadh an tsaoil;
's dá bhfaighinnse suaimhneas tamall
ó dhaoine uaisle an bhaile,
thriallfainn féin ar Ghaillimh
    is d'fhágfainn an scléip.

Táid féaráin Ghleanna an tSrotha
gan ceann ná teann ar lochtaibh;
i Sráid na gCuach ní moltar
    a sláinte ná a saol.
Mo lomadh Luain gan foscadh
ó Chluain go Stuaic na gColm,
's an giorria ar bhruach an rosa
    ar fán lena ré.
Créad í an ruaig seo ar fhearaibh
bualadh, buanadh is cartadh?
an smóilín binn's an lon dubh
    gan sárghuth ar ghéig?
's gur mór an tuar chun cogaidh,
cléir go buartha 's pobal
á seoladh i gcuanta loma
    i lár ghleanna an tsléibhe.

The noble stag on the rock,
With antlers branching, proudly prancing,
Must now survive on gorse
        To the end of his days;
And if the gentry in this place
Would leave me in peace awhile.
I'd make my way to Galway
        And flee this life of chaos.

The doves of Gleann an tSrotha
Have no leader and no lofts;
In Sráid na gCuach their health's
        Not held in high esteem.
My bitter lot no shelter now
From Cluain to Stuaic na gColm,
And the hare who roamed the wild wood
        Is homeless and astray.
What dreadful routing of men,
Such flailing, winnowing, scattering,
While melodious thrush and blackbird
        Rest voiceless on the branch!
Now the spectre of war looms near,
When worried priests and people
Are banished to bare regions
        In the middle of the mountain glen.

Is é mo róchreach mhaidne
nach bhfuair mé bás gan pheaca
sula bhfuair mé scannal
    fá mo chuid féin,
's a liacht lá breá fada
a dtig úlla cumhra ar chrannaibh,
duilliúr ar an daraigh
    agus drúcht ar an bhféar.
Anois táim ruaigthe óm fhearann,
in uaigneas fuar óm charaid,
im luí go duairc faoi scairtibh
    's i gcuasaibh an tsléibhe;
's mura bhfaigheadsa suaimhneas feasta
's cead fuireach ag baile,
tréigfidh mé mo shealbh,
    mo dhúthaigh is mo réim.

'Tis my ruination and regret
Not to have died without sin
Before scandal touched the life
       Of me and mine;
And what avails fine weather
(When sweet apples ripen on branches,
When foliage covers oak and ash
       And dew lies on the grass?)
Since I'm banished from my lands
And cruelly parted from my friends,
Lurking fearfully under bushes
       Or hiding in mountain caves;
And if no peace or rest will come
And leave to remain at home,
I'll have to abandon my lands,
       My native place, my own domain.

                    (Version Seán Mac Mathghamhna)

DROIMEANN DONN DÍLIS

A dhroimeann donn dílis 's a fhíorscoth na mbó,
cá ngabhann tú san oíche 's cá mbíonn tú sa ló?
"Bímse ar na coillte 's mo bhuachaill im chóir,
is d'fhág sé siúd mise ag sileadh na ndeor.

"Níl fearann, níl tíos agam, fíonta ná ceol,
níl flaithibh im choimhdeacht, níl saoithe ná sló,
ach ag síor-ól an uisce go minic sa ló
agus beathuisce 's fíon ag mo naimhdibh ar bord."

Dá bhfaighinnse cead aighnis nó radharc ar an gcoróin
Sacsanaigh do leadhbfainn mar do leadhbfainn seanbhróg
trí bhogaithe, trí choillte,'s trí dhraighneach lá ceo,
agus siúd mar a bhréagfainn mo dhroimeann donn óg.

FAITHFUL BROWN DRUIMEEN

Oh faithful brown Druimeen, oh silk of the kine,
Where are you by day and where at night-time?
I'm away in the woodlands, my herd as my guide,
And now he has left me with tears in my eyes.

I've no home or shelter, no music or wines,
No chieftains or wise men; no army is mine;
I'm drinking cold water from dawn till nightfall
While whiskey and wine are knocked back by the Gall.

If I could do battle, get a glimpse of the foe,
I'd rip up the Sasanaigh as I'd rip an old shoe
On hillsides and clifftops, in glens dimly green:
And so I would free you, my young brown Druimeen!

(Version Eilís Ní Dhuibhne)

Úna Bhán

Na ceithre Úna, na ceithre Áine, na ceithre Máire 's na ceithre
Nóra,
Na ceithre mná ba cheithre breátha i gceithre gcearda na Fódla,
Na ceithre tairní a chuaigh 's na ceithre clára, na ceithre
cláracha cónra,
Ach na ceithre gráin ar na ceithre mná nach dtug na ceithre grá
go na ceithre póga.

Gus Úna Bhán Nic Diarmuid Óig,
Fíorscoth Búrcach, Brúnach, 's Brianach Mór,
Bhí do bhéal mar an tsiúcra, mar leamhnacht, mar fhíon, 's mar
bheoir,
'gus do chois deas lúfar 'sí shiúlfadh gan fiar i mbróig.

A shúil is glaise Ó ná ligean anuas an bhraon,
A ghuth is binne ná guth na cuaiche ar chraobh,
A thaobh is gile Ó ná coipeadh na gcuan seo thíos,
'Gus a stór is a chumainn, nach minic do bhuaireadh thríom.

Tá an sneachta ar lár agus barr air chomh dearg le fuil
Samhail mo ghrá ní fhaighim i mbealach ar bith,
Ach féacaidh, a mhná, cé mb'fhearr an t-ochón ansin Ó
Ná'n t-aon ghlaoi amháin ag Áth na Danóige.

ÚNA BHÁN

The four Únas, the four Áines, the four Máires, the four Nóras,
The four women finest by fourfold in the four quarters of Fódla,
The four nails driven into the four coffin boards, the four oak
    coffins O;
But my fourfold hate on the four women who gave not their lov
    with their kisses four.

Fair Úna, daughter of Diarmuid Óg,
Choicest flower of the Burkes, Brownes and lordly O'Briens,
Your mouth was like honey, like milk, like wine,
And your slender foot faultlessly graced a shoe.

O eye clearer than the falling raindrop,
O voice sweeter than the cuckoo on the branch,
O side whiter than the foam of the raging sea,
O my treasure and my love, how often have your sorrows pierced
    me through.

Nothing I find as fair as my love,
Not even the fallen snow enmantled with blood.
And oh you women, were not one call for me at the ford
Better than all your wailing for Úna dead.

A Úna Bhán ba rós i ngáirdín thú,
Ba choinnleooir óir thú ar bhord an bhanríona thú;
Ba chéiliúr agus ba cheolmhar a'dul an bhealaigh seo romham
     thú,
Ach sé mo chreach maidne bhrónach nár pósadh liom thú.

A dheartháir Ó dá bhfeictheá sa teampall í,
Ribín uaithne anuas ar a ceann mar ghnaoi,
Gach dlaoi dá gruaig in a dual mar an ómra bhuí
Ach sé mo thrí thruaighe nár luadhadh liom i gcleamhnas í.

'Gus rachainn leat ar bharra slat i loing faoi sheol,
A bhrollaigh geal nár tharraing ort fear an áirneáin fós,
Ach dar an Leabhar Bréac ós mionna ceart é ag cách le tabhairt,
Mura gcodlaíod leat is doimhin seal mo cheann faoin bhfód.

Is trua gan mise i mo phréacán dubh
Go dtabharfainn an ruaig úd suas ar leath fhalla an chnoic,
'mo ghath gréine i mbarr fréime ag casadh faoi shruth,
'Gus mo ghrá féin ar gach taobh dhíom á castáil dom.

A Úna Bhán nach gránna an luí atá ort
do cheann le fána i measc na mílte corp,
Ach mara dtuga tú fáir orm a phlandóig bhí riamh gan locht,
Ní thiocfaidh mise 't-áras go bráth ach an oíche 'nocht.

O Úna, rose in a garden,
Golden candelabra on a queen's table,
You were birdsong exultant and music to me,
My stricken grief not to have wed with you.

O little brother, if you had seen her in church,
Her hair adorned with green ribbon
Binding shining tresses of amber and gold,
But O my sorrow: she was not betrothed to me.

I would go with you Úna on a raft or boat,
O fair breast that knows no man to this day,
But by the Holy Book I swear, as is right for all to swear
Unless you be mine my head too will lie deep under the clay.

Pity that I cannot, like the dark raven,
Fly to Úna in her mansion on the hill,
Or, like a sunbeam, shine high, or low in a deep stream—
I could then be with my love wherever she appeared.

Fair Úna, how ugly now is your hollow bed,
Your head lying among hosts of the dead;
Unless you come to me now, O flower without blemish,
Never again will I come to visit you after this night.
                              (Version Seán Mac Mathghamhna)

APPENDIX

AOIBHINN BEATHA AN SCOLÁIRE
(ALTERNATIVE VERSION)

Pleasant the life of the scholar
Busy with her books,
You all know perfectly well, folks,
That it's the best lifestyle in Ireland.

No boss or foreman breathing down her neck,
Nobody checking or supervising,
No PRSI or income tax,
No drudging, no early rising.

No early rising or shepherding
Reluctant kids to school,
Never her turn to get up
For the three-thirty feed.

She spends a spell at the L and H,
Much more at the students' bar,
The rest of the time she's courting
A Second Med in his father's car.

Then back to the library
In the latter days of spring,
Ready to plod and slog
Until the summer examining.

(Version Eilís Ní Dhuibhne)

BIOGRAPHICAL INDEX OF POETS

SEATHRÚN CÉITINN

Born about 1580 at Burges, near Clare, Co Tipperary, into a family of Norman extraction and of sufficient prosperity to send him to ecclesiastical colleges at Bordeaux and Salamanca. He returned to Ireland in 1607, a doctor of divinity, to serve as a curate for the parish of Tubrid, near his birthplace. His *Foras Feasa ar Éireann*, a history of Ireland written to counter the slanders of Giraldus Cambrensis and Edmund Spenser, was completed by 1640. His poetic output was small but impressive. "Óm sceól ar árdmhagh Fáil" is about the dispersal of the Gaelic aristocracy after Kinsale and the Flight of the Earls. Facts about Céitinn's life are obscure. There is a story that a sermon preached by him against a local squireen's mistress caused him to go into hiding and the circumstances of his death, which occurred in 1644, are obscure. His famous poem, "A bhean lán de stuaim," shows an acquaintance with sensuality unexpected in a priest.

DÚGHLAS DE HÍDE

Born in Castlerea, Co Roscommon on 17 January 1860, the son of a Protestant clergyman. He grew up in his father's rectory and learned his Irish, as Yeats said, from "the company of old countrymen." He graduated LLD from Trinity in 1886, having already published work in Irish and English translations. *The Love Songs of Connacht* from which "Mo bhrón ar an bhfairraige" is taken, was published in 1893, the year in which he and Eoin MacNeill founded the Gaelic League. He was professor of Modern Irish in UCD from 1909 until his retirement in 1932 and became Ireland's first president in 1937. He left the Gaelic

League in 1915 when under the influence of Pearse, MacNeill and Beaslaí it had become a revolutionary movement and he remained aloof from politics for the remainder of his life. His play *Casadh an tSúgáin* was the first Irish piece to receive a professional production. He died in Dublin on 12 July 1949.

PIARAS FEIRITÉAR

Born about 1600. He was chieftain of the Dingle peninsula and a poet who, politics aside, would have fitted in very comfortably with his Jacobean and Caroline contemporaries in England. His work bears strong resemblances to theirs and he may indeed have written in English. In 1641 he supported the anti-English rising for religious rather than for political motives. He continued the struggle for twelve years but after being granted safe-conduct at the fall of Ross castle was treacherously hanged in Killarney in 1653. "Leig dhíot th'arm" is exactly the kind of conceit that would have pleased Lovelace or Suckling.

PÁDRAIGÍN HAICÉAD

Born about 1600 in the Cashel area of Tipperary. He was educated at Louvain and became a Dominican monk. He was prior of Cashel in 1624 and from then until his death was deeply involved in the politics of the time. He tried to act as a peacemaker during the troubled 1640s. He was, however, not a natural pacificier: much of his life was taken up with controversy and his poetry show signs of personal animus. In 1651 he returned to Louvain, the better to carry on a pugnacious correspondence with Rinuccini, the controversial Papal Nuncio to Ireland. In 1654 his differences with the head of his order in Ireland led to his admonishment. He died shortly afterwards.

AINDRIAS MAC CRAITH

Known as "An Mangaire Súgach"[the jolly pedlar] and born in
Co Limerick in 1710. He was a teacher for a while but later
became a wandering minstrel and one of Seán Ó Tuama's most
regular clients. He was briefly a Protestant but was expelled
from the congregation for conduct unbecoming. He was also
expelled from Croom for similar reasons by the local parish
priest. "Slán le Croma" was written about this time and the
sixth stanza describes his condition in later life. He died in 1790
somewhere in Co Limerick and is buried in Kilmallock.

SÉAMAS DALL MAC CUARTA

Born in Co Louth, probably near Omeath, about 1650. As his
name implies he was either blind or of defective sight. He spent
his life in the region of north-east Leinster between Carlingford
Lough and the Boyne. His nature poetry and feeling for living
things makes him unusual among the more formal poets of his
time. "Fáilte don éan" and "An lon dubh báite" are his best
known poems. Like his friend Carolan the harpist, who had the
same disability, he depended upon patrons for survival and in
the dark years of the early eighteenth century they were gone
and he was reduced to beggary. He died in 1733.

ART MAC CUMHAIDH

Born in 1738 at Creggan, Co Armagh, the scene of his most
famous poem "Úirchill an Chreagáin." He made his living as a
kind of wandering gardener. He had had a fine hedge-school
education and his Irish poems, though less formal than those
of southern contemporaries, were very charming and, important
at a time of minimal education, very singable. He was known
as "Art of the Tunes." His hand-to-mouth existence which

included skirmishes with housekeepers and clergymen was all too typical of the time. His famous *aisling* is totally escapist since he could see no hope nor improvement in Ireland's state. He died in 1773 in Co Armagh, never having strayed far from his home territory.

SEÁN CLÁRACH MAC DÓNAILL

Born in Ráth Luirc, Co Cork in 1691. He trained for the priesthood and was well schooled in the classics. He was the leading poet of Munster in his time and he maintained the tradition of courts of poetry which met in his house at Kiltoohig. The poem "Taiscidh a chlocha"[Keep fast, stones] is a bitter satire on the death of James Dawson, a hated landlord. Because of it he had to leave the country and subsist for a time in France. He was able eventually to return to his home and live there in comparative peace until his death in 1754. He is buried in the ruined churchyard of Ballysallagh.

PIARAS MAC GEARAILT

Born in Ballykineally, Co Cork some time in the first decade of the eighteenth century. He came of well-off people and got a good education. As the century advanced his right to the land as a Catholic was challenged and he did what many did at the time, became a Protestant. He regretted the apostasy but though he wrote poems to the Blessed Virgin he never returned to the old faith. Like his older contemporary, Seán Clárach Mac Domhnaill, he held courts of poetry on his farm and the poets came without adverting to their host's new religion. His poem "Rosc catha na Mumhan"[The war chant of Munster] was written in expectation of a Jacobite success in the "Forty-Five" rebellion. He died at Clashmore in 1792.

CATHAL BUÍ MAC GIOLLA GHUNNA

Born in Fermanagh or Cavan around 1680. He was according to his own claim destined for the priesthood but took to the more profane pleasures of drink and women. He is famous for his rakish life and for two excellent poems, "Aithreachas Cathail Bhuí" written, it is said, with a burnt stick on the wall of the hut where he lay dying and "An bonnán buí." The maid servant who had been temerarious enough to give shelter to such a forbidden scoundrel claimed that his body was surrounded by a heavenly light, proof of God's forgiveness. The year of this miraculous happening was 1755 and the place, Carrickmacross. "An bonnán buí" describes the finding of a bittern dead by a frozen lake and points out quite a few parallels with the life of the poet.

PÁDRAIG MAC PIARAIS

Born in Dublin on 10 November 1879, he qualified as a barrister but worked mainly as a teacher especially in his own school, St Enda's. He was active in the Gaelic League and later in the Irish Volunteers and was among the first of the men of 1916 to be executed (3 May 1916). He recognised the revolutionary importance of the Irish language and devoted himself to the establishment of a modern Gaelic literature. He wrote plays, short stories, essays and some poems. The verse shows great intensity and a total surrender to his own ideal Ireland. "Fornocht do chonac thú" and "Mise Éire" are imbued with his spirit of total sacrifice in the cause of freedom.

BRIAN MERRIMAN

Born near Ennistimon, Co Clare, about the year 1749, the son of a stonemason, or perhaps the bastard of a gentleman. He

taught school in Feakle, Co Clare and after 1790, married and
with two daughters, continued his profession in one of
Limerick's schools. He died suddenly in 1805, his death notice
referring to him as a teacher of mathematics. Such a calling
does not necessarily preclude literary talent and certainly in
Cúirt an mheánoíche, a 1206-line poem written about 1780, he
has left a brilliant piece of comic literature in Irish. Its Rabelaisian
tone and parodic elements show an informed appreciation not
only of the Irish poetry of his predecessors and also of the
formal European tourneys, the Courts of Love. The poem gives
an excellent picture of rural Ireland in the late eighteenth
century and its feminism and denunciation of celibacy includ-
ing that of the clergy must have made it seem quite shocking.

EIBHLÍN DHUBH NÍ CHONAILL

Born in Derrynane, Co Kerry about 1743, one of the twenty-
two children of Dónall Mór Ó Conaill, the grandfather of the
Liberator. In 1767 against the wishes of her people she married
Colonel Art Ó Laoghaire of the Hungarian army who had
returned from the Continental wars. They settled in Macroom
and there fell foul of Abraham Morris, the High Sheriff. It is said
that Morris had demanded Ó Laoghaire's charger at a price of
£5, as he was entitled to do under the largely inactive but still
binding Penal Laws. Ó Laoghaire set out to kill Morris on 4 May
1773 but was himself killed by the sheriff's military bodyguard
in Carriginima, Co Cork. "Caoineadh Airt Uí Laoghaire,"
written in elegant but simple language, is one of the most
beautiful love poems in modern Irish. Eibhlín contrived to
have the members of the picket who shot her husband
transported and Morris himself was later killed by Ó Laoghaire's
brother. The date of her death is unknown but she was still alive

in 1780. It was her nephew who finally disposed of the last vestiges of the vicious anti-Catholic laws.

Máire Bhuí Ní Laoire

Very little is known except that she lived in the Gougane Barra district of West Cork and was born about 1777. Her main poetic output was of ballads and laments about the distressful state of the Ireland of her time. She died in 1849.

Dáibhí Ó Bruadair

Born in East Cork about the year 1625. He was of comfortable means and had a good education in English, Latin, Irish and history. He was also trained in bardic poetry and genealogy. From about 1660 he lived in Limerick and his poetic output was prodigious. As the century progressed the destruction of the Gaelic world he represented became more certain. Indeed his consciousness of the cataclysm makes his poetry a valuable historical source for the period. His patrons, the Fitzgeralds, left with the other Wild Geese and Ó Bruadair was reduced for a time to working as a farm labourer. His distaste for the louts who replaced the old aristocracy is clearly seen in the poem "Mairg nach fuil 'na dhubhthuata" [A pity not to be an utter boor]. He died in January 1698, sustained at the end by some of the older Irish families who still had property.

Seán Ó Coileáin

Born at Kilmeen, near Clonakilty, Co Cork of people who had enough wealth to have the boy sent to Spain to study for the priesthood. He gave up his clerical studies and returned to Ireland to set up a hedge school at Myross, near Union Hall, Co Cork. He was known as the "silver tongue of Munster" and is famous for "An Buachaill Bán," the last of the Jacobite *aislingí* and for the much more controversial "Machnamh an duine dhoilíosaigh"[Musings of the melancholy man]. Some scholars believe it may be a translation of a friend's English poem and there is a strong tradition that is was written as a Gaelic response to Gray's "Elegy" (1751). Ó Coileáin was prone to melancholy anyway, a not unexpected condition for a poet of the period, especially one who sensed that he was the last of his kind. Unlike Mac Domhnaill and Mac Craith he was an unhappy drinker who drove one wife away and, having set up house with her sister, drove that poor woman distracted. He died in Skibbereen in 1816 and is buried at another Kilmeen, near Timoleague, where the abbey acted as the Stoke Poges for *his* Elegy

PEADAR Ó DOIRNÍN

About whose life there is considerable confusion as Seán de Rís, the editor of his surviving poems, makes clear in *Peadar Ó Doirnín, a bheatha agus a shaothar* (1969), seems to have been born in 1704 near Dundalk and to have been a schoolmaster. One of the traditions about him is that he was so clever as a child that there was a possibility of his becoming a priest, but the Penal Laws prevented this. He is thought to have become tutor to the family of one Arthur Brownlow, a Protestant from Lurgan, who had then in his possession the *Book of Armagh*. Ó Doirnín may have taught Brownlow Irish. They parted after some years because of inevitable disagreements about politics and Ó Doirnín married Rose Toner and settled near Forkhill, Co Louth, where he became a teacher. He wrote satirical verse and came in for constant persecution by a local government agent known as Johnston of the Fews. He died in his classroom in

1769 and is buried at Urney churchyard near Dundalk. Seosamh Mac Grianna's story "Codladh an Mháistir" is based upon Ó Doirnín's death.

Pádraig Ó hÉigeartaigh
Born in Iveragh, Co Kerry in 1871. He was taken to America when he was twelve and went to work in a cotton mill. He moved to Springfield, Mass. when he was twenty and became interested in Irish when he bought an Irish book, *Filidheacht Chúige Mumhan*, in a second-hand bookshop. He taught himself Irish and helped found the Springfield Irish Society, in which he became a teacher of Irish. The poem "Ochón, A Donncha" was written on the death of his small son in a boating accident. It was published by Pádraig Pearse in *An Claideamh Soluis*. Pádraig Ó hEigeartaigh died in Springfield in 1936.

Liam Dall Ó hIfearnáin
Born in 1720 at Shronell about three miles from Tipperary town and spent his whole life in the same area. As the name by which he was known suggests, he was blind from birth. He is credited with having invented the name "Caitlín Ní Uallacháin" for Ireland. He wrote personal poetry, laments and patriotic verse. "Pé in Éirinn í" is probably the poem by which he is best remembered and "Ar bhruach na coille móire," as well as being beautiful and lyrical, is an energetic political composition in which the poet claims that if he heard that the English were defeated, he would rise from the grave itself. He was a regular participant at the court of poetry which was held at the home of Seán Clárach Mac Domhnaill at Kiltoohig. He died as he had lived in great poverty in Tipperary in 1803.

Aogán Ó Rathaile

Born about 1675 in Scrahanaveel in the Sliabh Luachra district east of Killarney. He belonged to a family of small landowners which owed some fealty to the MacCarthys who were supplanted by the Jacobite Brownes. After the Williamite wars the patron was Valentine Browne, a man less acceptable to a Gaelic retainer like Ó Rathaile than his father Sir Nicholas Browne. Ó Rathaile's poetry is the mournful cry of the client who fell with the fall of his master. "Vailintín Brún" shows considerable disdain from a beggar. "Gile na Gile" is one of the finest of *aisling* poems where Ireland, more beautiful than any woman, is apostrophied and consoled with the hope of a Stuart success. Ó Rathaile's degradation is the more poignant in that he is conscious of his superior education, obtained at what was the period's equivalent of a university at Killarney. He died in poverty in Corca Dhuibhne in 1729 and is buried with his true patrons, the MacCarthys, at Muckross Abbey.

Antaine Ó Reachtabhra

Born near Kiltimagh, Co Mayo around 1784. He was blinded by smallpox at the age of nine and became a travelling fiddler who entertained households and crowds at fairs with his own, rather homespun poetry. His patch included Gort, Athenry and Loughrea as well as Co Mayo and he responded in verse to local and national events. He was in a sense the last Gaelic poet to write unselfconsciously in his own language. "Cill Aodáin," a hymn to spring, is one of the best known and most often quoted poems in modern Irish and "Eanach Dhúin," the lament for the drowned in the Corrib tragedy in 1822 shows his vigour and fluency. Máire Ní Eidhin, his Beatrice, died shortly after the writing of the poem in her praise, thus creating for the poet a reputation for bringing ill-luck. His poetry recaptures a lost age, not entirely mournful, and full of a rough vigour that was lost with the Famine years and never totally recovered. His Irish is accessible and it should be no surprise that he was one of the poets who was taken as a patron saint of both the Gaelic revival and the Literary Renaissance, cultivated by both Lady Gregory and Douglas Hyde. His most famous poem, "Mise Raifteirí," is thought to have been composed in collaboration with Seán Ó Ceallaigh. He died in his home county about the year 1835.

EOGHAN RUA Ó SÚILLEABHÁIN

Born in 1748 at Meentogues, nine miles east of Killarney. He was the archetypal roistering poet, amorous, hard-drinking, generous and so talented that he was known for years after his death as "Eoghan an bhéil bhinn" [Eoghan of the sweet mouth]. He is a kind of Irish Burns except that life for a Gaelic poet in Ireland was much grimmer than for the society pet of Edinburgh, however much Burns may have sold himself as a simple plowman. Ó Súilleabháin studied at a bardic school at Faha where poetry, music and the classics were taught and when he was eighteen set up his own school at Gneeveguilla. This respectability did not last and he took to the roads as a *spailpín*. He spent the next decade labouring, writing poetry, schoolmastering and acting as tutor to a Fermoy family called Nagle, a post which ended when he was discovered in dalliance with Mrs Nagle. He joined the British navy and served with Rodney in the West Indies, in celebration of whom he wrote a piece of doggerel in English called "Rodney's Glory." He left the navy and became a soldier. It was during this period of military service that he wrote his most famous aisling, "Ceo Draíochta."

He was discharged from the army on medical grounds and returned home to his beloved Sliabh Luachra in 1784. He opened a school at Knocknagree but died soon afterwards of fever aggravated by wounds received in a drunken brawl. He was one of the greatest poets of the eighteenth century.

Tadgh Gaelach Ó Súilleabáin

Born near Drumcollogher, Co Limerick, in 1715. He was a light-hearted wanderer about south Munster, writing occasional political verse of a pro-Jacobite nature that earned him a spell in Cork gaol. In middle age he settled in Dungarvan, Co Waterford and as a result of a sudden religious conversion wrote mainly confessional poetry. His "dánta diaga" were published in 1802 as *Timothy O'Sullivan's Irish Pious Miscellany* with the support of Dr Coyle, the Bishop of Raphoe. The book was reprinted forty times and the poems, set to folk-tunes, were sung as hymns in church throughout the nineteenth century. He died in Waterford in 1795. "Duain Chroí Íosa" is his best known religious poem.

Seán Ó Tuama

Known as Seán "an Ghrinn" [of the fun] and born in Co Limerick in 1707. He was briefly a schoolteacher and then kept an inn at Mungret Gate in Croom at which all poets were served without charge. He, Seán Clárach Mac Domhnaill and Aindrias Mac Craith comprised the school known as *Filí na Máighe* [poets of the Maigue valley]. It was he who gathered the southern poets together on the death of their leader Seán Clárach to see how poetry and the Irish language should be preserved. His hospitality cost him his livelihood. When he died in 1775 it was as a servant.

Biographical Index of Translators

Colm Breathnach

Born in Cork in 1961. He now lives with his wife, Mary, in Leixlip, Co Kildare and works as an Irish language terminologist with the Department of Education in Dublin. He has published original poetry in Irish in *Innti*, *Comhar* and *Poetry Ireland Review*. His first collection, *Cantaic an Bhalbháin*, is due to be published by Coiscéim in 1991.

Michael Davitt

Born in Cork City. As founder/editor of the poetry journal *Innti* and as a poet himself, he has been to the forefront of the remarkable flowering of Irish language poetry in Ireland since the Sixties. He has published two collections in Irish, *Gleann ar Ghleann* and *Bligeard Sráide* and a dual text, *Rogha Dánta* (Raven Arts, 1987). English language versions of his work also appear in the following anthologies: *Poets of Munster* (Brandon Press, 1986), *The Bright Wave* (Raven Arts Press, 1986) and the recently published *Penguin Book of Contemporary Poetry*. Michael Davitt now lives in Dublin and works as producer/director with RTE television.

Monsignor Pádraig de Brún

Born in Co Tipperary in 1889. He was Professor of Mathematics at Maynooth, and in 1945 he was elected President of University College, Galway. He was also chairman of the Arts Council. He translated many works from Greek, Latin, French and Italian into Irish and from Irish into English. He died in 1960.

THEO DORGAN

Born in Cork in 1953 and educated at UCC, where he subsequently taught. He has been, *inter alia*, literature officer with Triskel Arts Centre and Director of Cork Film Festival and he is at present Director of *Poetry Ireland*. His first poetry collection, *The Ordinary House of Love*, was published by Salmon Publishing in 1991.

SEÁN DUNNE

Born in Waterford in 1956 and now lives in Cork. He works as a journalist with the *Cork Examiner*. His books include *Against the Storm* (Dolmen Press) and the anthology *Poets of Munster* (Brandon Books). He has written articles and reviews for many newspapers and journals in Ireland, England and the USA.

SAMUEL FERGUSON

Born in Belfast in 1810. Educated at TCD and called to the Bar. In 1867 he retired from legal practice to become first Deputy Keeper of the Records of Ireland. Was an expert on Irish art, history, archaeology, literature, as well as being a poet and translator. He became President of the Royal Irish Academy in 1881. He died in Dublin in 1886.

GEORGE FOX

Not much is known of this translator, except that he graduated from TCD in 1847. It appears that he emigrated to America shortly after this.

DOUGLAS HYDE

See under Biographical Index of Poets

BRENDAN KENNELLY

Born in Ballylongford, Co Kerry, in 1936. Educated at TCD and Leeds University. He has published many books of poetry and is also the author of two novels. He is Professor of Modern English Literature at Trinity College, Dublin.

GEARÓIDÍN MCCARTER

Born in Dublin in 1950. She was educated in UCD and on her marriage went to live in Co Donegal. She taught in Derry from 1972 to 1987 and she has three children.

THOMAS MACDONAGH

Born in Cloughjordan, Co Tipperary, 1878. He was a critic, poet and literary theorist and lectured in University College, Dublin. He was one of the signatories of the 1916 Proclamation and executed after the rebellion.

LIAM MAC CON IOMAIRE

Liam Mac Con Iomaire is a native Irish speaker from Connemara, Co Galway. He has been a teacher, a journalist and a broadcaster and is at present the Director of the Irish language laboratory in the Department of Modern Irish in University College, Dublin.

CAOIMHÍN MAC GIOLLA LÉITH

Born 1959. Educated at UCD, University of Edinburgh and La Sorbonne. He is a lecturer in the Department of Modern Irish, UCD, a critic and translator.

SEÁN MAC MATHGHAMHNA

Born in Ardagh in Co Limerick in 1922. Since his retirement

from the Civil Service in 1985 he has been engaged in translating French, Russian and Serbo-Croatian poetry into Irish, awards for which have been granted by Oireachtas na Gaeilge and the Irish Translators' Association. His English version of Nuala Ní Dhomhnaill's "Leaba Shíoda" merited a certificate of distinction from the Yeats Club in London. He has also translated traditional Irish folk-songs fom Connacht for a record of songs (*Deora Aille*) sung by his wife Máire Áine Ní Dhonnchadha of Cois Fharraige.

TOMÁS MAC SÍOMÓIN

Born in Dublin in 1938. He is a poet and short story writer and editor of *Comhar* magazine. His poetry collection, *Damhna agus dánta eile*, was published in 1974 and won an Arts Council Award.

SEAN MCMAHON

Born in Derry in 1931 and educated at QUB. He is a critic, anthologist, reviewer and writer of novels for young people. He has edited many books including *Rich and Rare, The Poolbeg Book of Children's Verse* and *A Book of Irish Quotations*.

DAVID MARCUS

Born in Cork, a graduate of King's Inns, he was from 1968 to 1986 literary editor of the *Irish Press*, where he originated the well known New Irish Writing page. The author of three novels and a collection of short stories, as well as of a translation of *The Midnight Court*, he has edited many anthologies of short stories for Irish and British publishers.

EILÍS NÍ DHUIBHNE

Born in Dublin in 1954. She was educated at Scoil Bhríde, Scoil Chaitríona and UCD. She is a folklorist and works as an assistant keeper in the National Library. She has published a collection of short stories, a novel and a book for children, as well as many scholarly articles, poems and short stories. She lives in Dublin with her husband and two children.

SEÁN Ó BRIAIN

Born in Mullingar in 1943. Grew up in Tralee and Galway and educated in UCG. Curently assistant editor *An Gúm* and also part-time continuity announcer, RTE Radio 1. He has published various articles and reviews in *Comhar* and *Books Ireland*. His special interests are Old Irish and Celtic Studies. He is married to Máire Nic Mheanman and they have one daughter, Neasa and live in Co Dublin.

MÁIRE CRUISE O'BRIEN

Born in 1922. She writes in Irish as Máire Mhac an tSaoi. She was formerly a member of Ireland's foreign service. Her main field of interest is Irish Studies.

TOMÁS Ó CANAINN

Born in Derry. He is the author of *Traditional Music in Ireland* and *Melos* (poems). He was a member of the Irish traditional group, Na Filí.

FRANK O'CONNOR

Born Michael O'Donovan in Cork in 1903. Fought on the Republican side in the Civil War an subsequently worked as a librarian in Dublin. One of Ireland's foremost short story writers, including volumes like *Guests of the Nation*. An inspired translator of Irish poetry, as his collection, *Kings, Lords and Commons* testifies. He died in 1966.

Eugene O'Curry
Born in Co Clare in 1796. He did pioneering work on cataloguing Irish manuscripts in London and Dublin, later translated and edited Irish poetry. He became Professor of Irish History and Archaeology at the Catholic University of Dublin in 1854 and many of his lectures were published both before and after his death. He died in 1862.

Jo O'Donoghue
Born in Co Kerry in 1956 and educated at UCC and TCD. She is the author of a critical study of the novelist Brian Moore. She now lives and works in Dublin. She is married and has one daughter.

Diarmuid Ó Drisceoil
Born in Cork in 1956. He studied Irish and Archaeology at UCC and did postgraduate work in Archaeology. He now teaches in Midleton and is working on a book on Irish archaeology.

Brian O'Rourke
Born in Co Laois in 1948. Was awarded a BA from UCG in 1969 and a Doctorate in Comparative Literature (Paris) 1976. He has lectured at universities in Paris, Dublin and Galway; since 1974 he has taught Irish Studies in the Regional Technical College in Galway. His publications include studies of Irish literature, such as *The Conscience of the Race* (1980) and *The Long Walk of a Queen* (1985), and anthologies of translations of Gaelic

folksing, *Blas Meala* (1985) and *Pale Rainbow* (1990). He has also produced a variety of cassettes and booklets on Gaelic folksong and has lectured widely on this subject.

PÁDRAIG PEARSE
See under Pádraig Mac Piarais in Biographical Index of Poets

GABRIEL ROSENSTOCK
Born 1949. Poet and translator. Chairman *Poetry Ireland/Éigse Éireann*. Selected poems, *Portrait of the Artist as an Abominable Snowman*, translated from the Irish by Michael Hartnett and Jason Sommer (Forest Books, London 1989). Winner of Duquesne Award for translation from the Irish, 1990. Works as Assistant Editor, An Gúm. Married to Eithne Ní Chléirigh and has four children.

ALAN TITLEY
Scholar and author of novels, stories and plays. He has received numerous literary awards, including Oireachtas awards, Duais Bhord na Gaeilge and Duais an Bhuitléirigh from the Irish-American Cultural Institute. An Arts council bursary enabled him to write *Tagann Godot*, which was staged in the Peacock Theatre early in 1990. He has just completed a major study of the Irish novel. He is head of the Irish Department in St Patrick's College, Drumcondra, Dublin.

(It was not possible to provide biographical information on Seamus Clandillon or Margaret Hannagan)

CLÁR AIBÍTREACH NA DTEIDEAL

INDEX OF ENGLISH TITLES

LÍNTE TOSAIGH

Buíochas/Acknowledgements

For permission to reproduce copyright material, the editors and publishers are grateful to the following:

Douglas Sealy and the Douglas Hyde Trust for "An gleann inar tógadh mé" and the translations of "Ní bhfuighe mise bás duit," "Mo bhrón ar an bhfarraige" and "A ógánaigh an chúil cheangailte."

The author and the Irish Academic Press, Dublin, for Brian O'Rourke's translations of "Aisling Gheal" and "Máirín de Barra."

Máire Cruise O'Brien for Monsignor Pádraig de Brún's translation of "Anach Dhúin."

Brendan Kennelly and Mercier Press, Cork for the translation of "Vailintín Brún," from *Love of Ireland*.

The Peters, Fraser and Dunlop Group Ltd for "Mary Hynes," lines from "The Lament for Art O'Leary," "The Lament for Yellow-Haired Donough," "Brightness of Brightness," "Kilcash," all from Frank O'Connor's *Kings, Lords and Commons*.

Grateful acknowledgement is made to the School of Celtic Studies, Dublin Institute for Advanced Studies (Scoil an léinn cheiltigh, Institiúid Ard-Léinn Bhaile Atha Cliath) for permission to include editions of the following poems, published in *Nua-Dhuanaire I*, *Nua-Dhuanaire II* and *Nua-Dhuanaire III*:

"Beatha an scoláire"

"Óm sceól ar árdmhagh Fáil"

"A bhean lán de stuaim"

"Mo bheannacht leat a scríbhinn"

"Leig dhíot th'airm"

"Do chuala scéal do chéas gach ló mé"

"Isan bhFrainc"

"A chuaine chaomhsa"

"Is mairg nár chrean re maitheas saolta"

"Mairg nach fuil 'na dhubhtuata"

"Fáilte don éan"

"An lon dubh báite"

"Stuairín na mbachall mbreá réidh"

"Dónall Óg"

"Caoineadh Cill Chais"

"A ógánaigh an chúil cheangailte"

"Úr-chnoc Chéin Mhic Cáinte"

"Úr-chill an Chreagáin"

"Mo bhrón ar an bhfarraige"

The Irish edition of other poems are taken from anthologies prepared for Ard-Teistiméireacht and Meán-Teistiméireacht

Grateful acknowledgement is made to the Irish editor, Professor Seán Ó Tuama, to Deirdre Davitt and to Bord na Gaeilge for permission to reproduce the Irish edition of the following poems from *An Duanaire*: "Gile na Gile," "Ochón a Dhonncha, "Nach aoibhinn do na héiníní."

The editors regret any omissions that may have occurred in these acknowledgements and will be happy to rectify them in future editions of the anthology

M4b